Rien ne passe, tout s'oublie

Du même auteur

Le Duc de Richelieu, un sentimental en politique, 1766-1822, Paris, Perrin, 1990 (rééd. 2009). Grand prix Gobert de l'Académie française.

Brèves Machineries du silence, Paris, Le Cherche-Midi, 1995.

Talleyrand. Le prince immobile, Paris, Fayard, 2003 (rééd. 2006) ; Paris, Tallandier, coll. « Texto », 2015. Prix de la Fondation Napoléon ; prix Thiers de l'Académie française ; sélectionné parmi les 10 meilleurs livres de l'année 2003 par *Le Point*.

Lettres d'un lion. Correspondance inédite du général Mouton, comte de Lobau, 1812-1815, Paris, Nouveau Monde Éditions, coll. « La bibliothèque Napoléon », 2005.

L'Histoire à rebrousse-poil, Paris, Fayard, 2005 ; Paris, Tallandier, coll. « Texto », 2014.

Un groupe d'hommes considérables. Les pairs de France et la Chambre des pairs héréditaire de la Restauration, 1814-1831, Paris, Fayard, 2006.

Mémoires et correspondances du prince de Talleyrand, Paris, Robert Laffont, coll. « Bouquins », 2007.

Cent Jours. La tentation de l'impossible, mars-juillet 1815, Paris, Fayard, 2008 ; Paris, Tallandier, coll. « Texto », 2014 (rééd. 2021). Grand prix Chateaubriand de la Vallée-aux-Loups ; prix des Écrivains combattants.

Félicie de Fauveau. Portrait d'une artiste romantique, Paris, Robert Laffont, 2010 ; coll. « Documento », 2013.

Talleyrand. Dernières nouvelles du Diable, Paris, CNRS Éditions, 2011 ; coll. « Biblis », 2017. Prix Du Guesclin ; prix des Ambassadeurs.

Entre deux rives. Dix écrivains devant la mort, Paris, L'Iconoclaste, 2012 ; rééd. *Fins de partie*, Paris, CNRS Éditions, coll. « Biblis », 2016.

(Suite à la page 215)

Emmanuel de Waresquiel

Rien ne passe, tout s'oublie

Souvenirs d'Histoire

Tallandier

Cet ouvrage est publié sous la direction de Denis Maraval.

48, rue du Faubourg-Montmartre – 75009 Paris
www.tallandier.com

« Voilà des choses que je ne sais pas,
il faut que je fasse un livre là-dessus. »

(L'abbé Buffier, d'après Charles-Joseph de Ligne)

« [...] Mais il vaut mieux que la bulle de savon
soit d'or ou d'azur, que noire et grisâtre. »

(Chamfort, *Maximes et pensées*, 309)

Sommaire

Avant-propos. Le passé et le présent 11

1. L'historien jardinier 19
2. Le silence des oiseaux 25
3. Le tournant des siècles 29
4. Et si Talleyrand avait raison ? 35
5. Les cinquante vies de Belmondo 41
6. Le lapin qui fume 45
7. De Bibliothecis 49
8. Rêves de ruines 57
9. Éloge de la lenteur 63
10. Lettres de Russie 67
11. Benjamin Constant ou la liberté 71
12. Au pays des passions tristes 77
13. Parlez-vous le français ? 83
14. Un inconnu entre dans l'Histoire 89
15. Le retour des empires 95
16. Paris mystérieux 101
17. La reine est morte, vive le roi ! 107
18. Il faut sauver Odessa ! 111

19. Nos morts 115
20. Les chaussures 119
21. Vacances à l'île d'Yeu 123
22. L'été indien 127
23. Le sexe des anges 131
24. Milou et Tintin 135
25. Noël en exil 139
26. Les distraits 143
27. Comment voyager dans un char de Prigojine ? 149
28. Danton, Robespierre et nous 155
29. « Merde ! » 161
30. Les ados, ma fille et moi 165
31. Permis de conduire 169
32. Les impôts, la dette et la Révolution 173
33. De nos mémoires 181
34. Les bonnes résolutions 187
35. Les idées et les intérêts 191
36. Versailles à cheval 197
37. L'Empire de mon enfance 203

Nota bene 213

AVANT-PROPOS

Le passé et le présent

Rapportés à la course à pied, les livres d'histoire sont plus proches du marathon que du cent-mètres. On les achève à bout de souffle. On pose son stylo et l'on éprouve tout à coup le besoin de respirer. On déserte son bureau, on butine, on vaque aux petites choses de tous les jours, on se repose à l'ombre des catastrophes du passé dont on s'est trop longtemps occupé. Ce recueil est à cette image. Interstice, intervalle, halte ou vacances, vous choisirez le mot qui vous plaira. S'il est sans prétentions, c'est qu'il est inclassable. Nous mettons les poètes dans la rue et les historiens dans un donjon. Nous avons tort. Pourquoi les historiens ne seraient-ils pas un peu poètes ? Les uns et les autres ont en partage l'esprit de curiosité, le secret derrière la porte, un certain goût pour les situations baroques, les diagonales, les chevauchements, les changements de vitesse et d'allure. « Beau comme la rencontre fortuite sur une table de dissection d'une machine à coudre et d'un parapluie[1] », aurait dit Lautréamont. Les poètes ne sont pas les seuls à être sensibles aux discordances de contexte, d'échelle ou de perspective, à la façon du « Chevalier » de Carpaccio qui sature si bien le devant du tableau que les autres objets – des arbres, des animaux, des maisons – sont relégués au second plan à l'état de miniatures.

Ce pourrait être une allégorie de notre temps. Nous vivons au présent comme dans une fresque ou un tableau imaginé par un artiste qui n'aurait cessé d'y ménager des effets de trompe-l'œil et d'illusions. Ce qui nous paraît essentiel ne l'est pas toujours. Ce qui nous semble anecdotique l'est peut-être moins. Le présent est une prison de verre dont les parois sont faites de lentilles grossissantes. Ce qui nous guette, c'est l'œil immense de Sherlock Holmes derrière sa loupe. Nous ne voyons plus que lui.

Le passé n'est ni la boîte du magicien ni le paradis d'Adam, mais, par la connaissance que l'on peut en avoir, il a souvent le mérite de remettre le présent à sa place. Lorsqu'ils arrivaient dans un lieu inconnu, les voyageurs des Lumières en cherchaient toujours le point haut pour le reconnaître et s'orienter. Le temps, comme la géographie, a ses lointains et ses explorateurs. Il n'y aurait pas d'histoire sans lui. C'est pour avoir oublié ce que le passé a d'étrange et de singulier que nous le regardons trop souvent à la lumière du présent, au risque des anachronismes.

1. Lautréamont, *Les Chants de Maldoror*, chant VI, strophe 1.

Cela m'amène au titre de ce livre. « Rien ne passe » dans la mesure où ce qui est advenu « avant » est de plus en plus souvent interprété et recyclé à notre usage, à l'horizon de ce que nous vivons. « Tout s'oublie » parce que, pour cette même raison, nous avons perdu de vue les rapports de distance parfois vertigineux qui séparent le présent du passé. Le temps s'est métamorphosé en une succession d'« instants » ou de « moments » sans héritages ni solutions de continuité. Comme si nous vivions éternellement dans un présent qui n'en finirait pas de s'engendrer. C'est tout juste si nous ne ressemblons pas au mouton de Nietzsche. « Il court de-ci de-là, mange, se repose et se remet à courir, et ainsi du matin au soir, jour pour jour, quel que soit son plaisir ou son déplaisir[1]. » L'amnésie est au bout du chemin.

Le passé résiste cependant, mais ce qui en subsiste de traces et de vestiges ne suffit pas à le comprendre. Ce serait prendre un pan de mur pour la maison tout entière. Les anthropologues mélanésiens (et hilarants) d'Umberto Ecco – dans *Pastiches et Postiches*, publié en 1988 – qui en l'an 2000 décrivent les habitudes culturelles des primitifs milanais du XXe siècle, comme autant de rites de frustration (la danse des jeunes en boîte de nuit), cannibales (les matchs de foot du dimanche) ou chamaniques (les transhumances du week-end vers la mer) ne voient que ce qu'ils veulent bien voir[2].

---

1. Nietzsche, *De l'utilité et de l'inconvénient des études historiques pour la vie* (1874), préface.

2. U. Ecco, « Industrie et répression sexuelle dans une société de la plaine du Pô », dans *Pastiches et postiches*, Messidor, 1988, rééd. poche 1995.

Nous voulons à toute force réduire les silences du passé à ce que nous croyons en savoir, et ce que nous en savons à ce que nous sommes. Lorsque, pour les périodes les plus récentes, des sources existent en abondance, personne ne songe à les étudier, à en démêler les méandres et les contradictions. Le plus souvent, il ne nous reste du passé que des impressions, des éclats, des fragments, des bribes de dates et de souvenirs ramenés dans les filets de notre enfance, de nos voyages ou de nos lectures. À l'image du « petit pan de mur si bien peint en jaune » qui dans *La Recherche* fascine tant l'écrivain Bergotte qu'il en oublie le reste de la *Vue de Delft* de Vermeer et ne garde, au moment de mourir, que le souvenir ébloui de ce détail singulier. Le génie sensible du peintre s'était caché là, dans « le petit pan de mur jaune » qui transfigure tout le tableau[1].

Les chefs-d'œuvre de la peinture, comme ceux de la littérature, ont ceci d'étonnant qu'ils nous transportent si bien « ailleurs » qu'ils produisent une vérité. Il n'y a pas de vérité en histoire, mais des vérités aléatoires, successives et transitoires. C'est peut-être cela que James Joyce a voulu exprimer lorsqu'il fait dire à Stephen, le personnage principal d'*Ulysse* : « L'histoire est un cauchemar dont je cherche à m'éveiller. » S'il est un moyen d'échapper à la tragédie de l'histoire, pense Joyce, c'est celui de la littérature. Il en va également de la mémoire. Elle est la porte ouverte à toutes les évasions. Une sorte

1. La citation est tirée de *La Prisonnière* dans *À la recherche du temps perdu.*

de consolation. On s'y invente une vie plus large et mieux enchantée. Elle aussi est romanesque. Elle est partiale, partielle, subjective et sensible, toute en miroirs et en hasards. Elle est le « parti pris » de l'histoire, loin, très loin de sa connaissance savante. Elle lui appartient en propre et en même temps elle nous la cache. C'est de cela que j'aimerais parler, de nos mémoires et de la mienne rapportées au passé, de leurs déformations, de leurs réfractions dans le temps.

Les textes qui vont suivre sont à un livre ce que les gammes sont au piano. Un journal de bord, une suite de chroniques parfois décalées écrites à mesure. Des « choses vues » (ou lues ou entendues) pour emprunter à Hugo le beau titre de l'un de ses ouvrages. Ils n'ont évidemment pas l'ambition du point de vue de Sirius. Ils n'ont pas plus de prétentions théoriques. Ils ont cette ressemblance avec les images du kaléidoscope ou de la lanterne magique qu'ils ont chacun leurs couleurs propres. S'ils ont une cohérence, ce serait peut-être celle de la position que j'y adopte. Mon angle de tir est toujours le même. Les événements récents, les figures, les sujets ou objets de la vie quotidienne dont je conduis le récit sont comme photographiés de bas en haut. Notre histoire immédiate prend, dans l'épaisseur du temps, des reliefs et des couleurs qu'on ne lui verrait pas autrement. Des couleurs si diverses, si fugitives et changeantes qu'elles me font penser à celles d'un arc-en-ciel qui, après avoir montré toutes les nuances du spectre, s'effacent peu à peu.

On peut être un peu ethnologue en même temps qu'historien. Il est question dans ce livre d'exil, de distraction et de lenteur, de bibliothèques et de mots, de Benjamin Constant, de Talleyrand et de Napoléon, de ruines, de Tintin et de Milou, de révolutions, d'égalité et de liberté, de modes, de Belmondo, des ados, de Paris et de la Russie, d'Odessa, de la reine d'Angleterre, de guerres et de chaussures, de chiens, de lapins et d'oiseaux, de l'automne, de dettes, de jardins, de permis de conduire, de chevaux et de souvenirs. Bref, l'écume des jours dans le désordre de ce que j'en ai retenu. Certaines de mes chroniques publiées dans *Historia* m'ont servi de rampe de lancement. D'autres dormaient dans un tiroir avant le grand jour. Je les ai écrites en chasseur de papillons, par bonds et gambades. Je m'y promène en souriant, j'observe ce qui m'entoure avec les yeux du Persan de Montesquieu. J'y suis candide par omission ou par jeu. Le Candide (*Colias Phicomone*) est une espèce de papillon rare aux belles ailes vertes irisées de rouge qui vit dans les Alpes. Ce petit recueil est à son image, discret, folâtre, facétieux, mélancolique et léger. À l'évidence, vous n'y entendrez pas les mots rassurants de la garde, quand, au Moyen Âge, celle-ci annonçait la nuit en sillonnant les rues de Paris : « Il est onze heures, bonnes gens ! Dormez, le guet veille ! » L'époque ne se prête pas au sommeil !

Que ce livre ait été écrit à la première personne prouve assez qu'il n'est pas tout à fait un livre d'histoire. J'y passe en tapinois quelque part entre les scintillements de l'enfance et le sourire de ma mère. Les souvenirs, c'est le temps au ralenti. Nous avons tous « notre chambre » dans la maison, notre cabinet de curiosités, une galerie imaginaire qui ne ressemble en rien à celles des autres. Il est permis à l'historien d'être doué d'une sensibilité et d'un tempérament. J'aime, ne serait-ce que pour cela, le titre anglais que Nabokov avait donné à son autobiographie : *Speek, Memory* (« Parle, ma mémoire »). Et je me récite souvent à propos de la mienne ces trois vers magnifiques d'Apollinaire dans *Zone* :

> Les étincelles de ton rire dorent le fond de ta vie
> C'est un tableau pendu dans un sombre musée
> Et quelquefois tu vas le regarder de près.

Nos mémoires encombrent un peu le passé. Nous citons ce dernier à la façon de la déesse Écho qui déformait la fin des phrases prononcées par Narcisse. Écho ne parle jamais la première, elle interprète selon ses désirs les propos de celui qu'elle adore et qui ne l'aime pas pour n'aimer que lui-même. Jacques Derrida parlerait à ce sujet de « structure testamentaire », mais laissons ici Derrida.

Toutes les routes mènent au passé. L'historien les voudrait droites et belles. Libre à lui de les quitter de temps à autre, de se raconter un peu et de prendre des chemins buissonniers.

1.

L'historien jardinier

Je n'aime pas le printemps. Je préfère l'automne quand la nature rentre chez elle dans une dernière parade. C'est peut-être pour cela que les pages de Chateaubriand sur son enfance à Combourg, au début de ses *Mémoires d'outre-tombe*, sont celles que je préfère : « Je voyais avec un plaisir indicible le retour de la saison des tempêtes, le passage des cygnes et des ramiers, le rassemblement des corneilles dans la prairie de l'étang. » Ou certains poèmes d'Apollinaire dans *Alcools* :

Les feuilles
Qu'on foule
Un train
Qui roule
La vie
S'écoule

Que disent les jardiniers de leurs jardins ? Lorsqu'ils m'en parlent, j'ai parfois le sentiment d'avoir déjà entendu ces mots-là, j'ai l'impression qu'ils parlent de moi, de mon travail, des heures heureuses et malheureuses de mes recherches. Il existe toute sorte de chemins de traverse entre un potager et le bureau de l'historien, sa bibliothèque, ses livres. L'ordre d'abord, les alignements, le classement, la symétrie, un ordre fragile sans cesse contredit par des forces contraires. La netteté ensuite. L'anachronisme, les oublis, les contretemps ou les contre-emplois d'analyse de ses sources sont les mauvaises herbes de l'historien. Et elles ne cessent de repousser. Nous semons des mots comme le jardinier plante ses arbres, encore faut-il que ce soit au bon endroit, au bon moment, dans le bon paysage.

Je n'écris pas cela parce que je suis moi-même un peu jardinier, mais parce que je nous trouve les mêmes défauts et les mêmes qualités. La patience en premier lieu. Il faut savoir attendre, perdre un peu son temps dans les archives, les ruminer longtemps avant de passer à l'écriture, tout comme le jardinier guette les saisons, se plie à leurs caprices avant de commencer ses travaux.

L'humilité aussi. On ne se pose pas toujours les bonnes questions du premier coup, on rate la construction d'un livre avant de trouver celle qui correspond le mieux à ses recherches. L'historien hésite, tâtonne, tout comme il peut arriver au jardinier de ne pas planter au bon endroit. On déplace, on remplace, on permute. Ce n'est pas seulement une affaire de sol, d'humidité, de profondeur ou d'acidité. L'esthétique, les combinaisons de feuillages, de formes et de couleurs sont à un jardin ce que le style est à un livre. Dans l'un de ses plus beaux poèmes, l'abbé

Delille, « l'archidiacre de Flore », qui vivait à l'époque du « plaisir de vivre » avant que la Révolution n'éclate, a l'air de parler d'écriture quand il parle des jardins :

Dessinez ces aspects, ces coteaux, ce lointain
Devinez les moyens, pressentez-les obstacles
Mais l'audace est commune et le bon sens rare
Au lieu d'être piquant, souvent on est bizarre[1].

On écrit son jardin autant qu'on le plante. On le saupoudre parfois d'inscriptions qui nous correspondent. Je relisais récemment le prince de Ligne et son *Coup d'œil sur Belœil*, ce château et ce parc magnifiques qui depuis le XVe siècle appartiennent à la même famille[2]. Charles-Joseph de Ligne a passé sa vie à les embellir. Il n'en parle jamais autrement que de « mon cher Belœil » jusqu'à y inventer, dans la seconde moitié du XVIIIe siècle, une sorte de jardin biographique. Dans son *Coup d'œil*, il évoque ses perspectives, ses canaux, ses rochers, ses cascades, ses bosquets comme on le ferait d'un double imaginaire, comme s'il nous dévoilait les secrets de son âme. Ses temples et ses fabriques sont autant de citations à ses passions, à ses plaisirs, à sa mélancolie, à ses regrets. La Révolution aura raison de cet Éden. « Que Belœil, écrit-il, retrace la prospérité, le bonheur

1. Abbé Delille, *Les Jardins ou l'Art d'embellir les paysages*, chant I, Didot l'aîné, 1782.

2. Prince de Ligne, *Coup d'œil sur Belœil*, 1781, rééd. Champion, 2004, p. 153. Belœil, alors dans les Pays-Bas autrichiens, est aujourd'hui situé en Belgique, Wallonie.

et la douceur dont je jouis. Que les gens qui ne me ressemblent point se corrigent et meurent de colère de ce qu'il y a eu quelqu'un de parfaitement heureux, et que ceux qui me ressemblent partagent même lorsque je n'y serai plus la félicité de l'auteur et du possesseur de ces jardins tranquilles. » C'est exactement ce que je souhaite à mes amis quand ils viennent se promener dans le mien. J'en connais quelques-uns qui, comme Ligne, rêvent de décalquer les leurs de leurs lectures. L'un d'eux – qui se reconnaîtra – voulait même faire du jardin qu'il projetait de créer dans le Maine la copie exacte de celui de M. de Tréville, dans *Les Trois Mousquetaires* d'Alexandre Dumas. Un jardin littéraire.

Nous avons avec les jardiniers tant d'autres choses en commun. L'honnêteté par exemple. L'historien ne triche pas plus avec ses sources que le jardinier avec ses végétaux. Enfin, c'est ce qu'il devrait faire ! Son analyse d'un document dépend tout de même du contexte dans lequel il travaille, sans même parler de sa sensibilité propre. Je pense encore à quelque chose dont on crédite plus les romanciers que les historiens mais qui leur est essentiel, c'est l'intuition. On ne dessine pas un paysage, on ne le projette pas dans le vide, on ne se lance pas plus dans des recherches et dans un livre sans cet instinct ou cette conviction, parfois déçue, qu'il existe des correspondances plus ou moins secrètes entre un sujet et l'intelligence que l'on peut lui donner, et avec lui le contexte dans lequel il s'inscrit. Le jardinier cherche à installer la bonne plante au bon endroit tout comme l'historien doit savoir poser les bonnes questions à son sujet. Ces intuitions-là font de lui un géographe doublé d'un climatologue. Un apprenti psychologue aussi lorsqu'il est biographe. Non pas qu'il ne doive pas s'intéresser au temps qu'il fait à tel ou tel endroit du passé. Mais, bien au-delà, tout comme le jardinier, la justesse de son approche dépend souvent de sa capacité à sentir l'« air du temps », le climat particulier aux périodes sur lesquelles il travaille. J'entends par là les détails dans lesquels, comme l'on sait, le diable sommeille toujours, les usages, le langage, les comportements, les intonations, les accents, les objets, les odeurs, les couleurs, les modes et les goûts, autrement dit les *habitus,* pour emprunter le mot aux sociologues, d'une société à jamais disparue, toutes ces petites choses répétitives et familières dont parlent rarement les mémorialistes, qui sont si difficiles à débusquer et qui feront qu'il évitera de nous décrire un désert quand il est dans une forêt. Les jardins ont leurs historiens, certes, mais ceux-ci savent-ils qu'ils sont un peu jardiniers ?

2.

Le silence des oiseaux

On se réveille le matin et l'on entend des choses tristes. De quoi se réciter du Jacques Rigaut, le suicidé magnifique : « Le jour se lève, ça vous apprendra. » Hier, on annonçait sur France Culture la toute récente publication d'un rapport alarmant du CNRS[1]. Les changements climatiques, la bétonisation, l'agriculture intensive, la multiplication des « territoires hostiles », comme disent les scientifiques, la disparition progressive des insectes tuent les oiseaux. L'Europe, nous dit Vincent Devictor, l'auteur du rapport, perd en moyenne 20 millions d'oiseaux par an. Bref, leur population a décliné d'un quart depuis les années 1980. Nous marchons tout droit vers le grand silence des champs et des forêts.

Je séjourne régulièrement à la campagne, dans ma maison des bocages (ou ce qu'il en reste) de l'Ouest, et, en effet, j'ai cette impression diffuse. D'année en

1. Publié le 15 mai 2023 dans la revue scientifique *Proceedings of the National Academy of Sciences.*

année, on entend moins le chant des oiseaux. Je me souviens des merveilleuses expéditions ornithologiques que je faisais enfant avec ma mère. Nous nous munissions de jumelles, nous nous postions le soir à l'orée d'un bois et nous revenions heureux de nos découvertes. Les Anglais appellent cela le *bird spotting*. Ma mère m'avait donné pour m'encourager un petit livre à couverture rouge de la collection éducative publiée chez Fernand Nathan dans les années 1970, avec ses cent vingt-huit planches illustrées.

Je le feuillette encore aujourd'hui comme on se consolerait de son enfance et je n'y trouve plus mon compte. De toutes les mésanges d'autrefois – charbonnière, bleue, noire, huppée, nonnette, boréale, lapone, à longue queue –, il ne reste plus guère que la charbonnière, la plus commune. Nombre des oiseaux que j'observais ont disparu. À cause du temps, peut-être aussi à cause de l'impatience des hommes : le petit troglodyte à queue retroussée, si affairé qu'on le voyait à peine, la sitelle torchepot au ventre orangé, et même le couple de huppes qui, l'été, nichait dans notre allée et s'en allait en automne. Tous ces oiseaux migrateurs qui ne migrent plus me font penser aux « millions d'hirondelles » du poème d'Apollinaire :

> D'Afrique arrivent les ibis, les flamants, les marabouts [...]
> Et d'Amérique vient le petit colibri[1].

1. Apollinaire, « Zone », dans *Alcools*, 1913.

Lorsque, en mai, il m'arrive encore d'entendre au loin les trois notes cristallines du loriot, ce bel invisible venu du Sud au ventre jaune et aux ailes bleues, je sais que nous sommes presque en été. Les chants d'oiseaux s'accordent si bien aux jours qui s'allongent. C'est pour cela qu'ils nous rendent heureux : les trilles liquides du merle à bec d'or aux premières lueurs du jour, le chant du coucou au creux des heures chaudes. Et autrefois, dans les plus hautes branches du cèdre planté près de ma maison, le « hou-houuu » crépusculaire et aérien de la chouette hulotte qui remplissait nos nuits de sagesse et berçait le sommeil de ma fille.

On s'accorde pour trouver des inquiétudes écologiques à la diminution du nombre des oiseaux. On ne pense pas assez à ce qu'ils représentent d'imaginaire, à leur place immense dans notre histoire culturelle. Qui ne se souvient de la merveilleuse fresque de Giotto, à Assise, où l'on voit saint François, nimbé de son auréole, prêcher aux oiseaux. « Saint François, leur disant ces paroles, tous les oiseaux commencèrent à ouvrir leurs becs, à tendre leurs cous, à déployer leurs ailes [...] et par leurs mouvements et leurs chants, ils montraient que ses paroles leur faisaient un très grand plaisir. » Et tous s'envolèrent aux quatre coins du monde. La peinture de la Renaissance aussi est peuplée d'oiseaux. Ceux de l'Arche de Noé, ceux de l'ange de l'Annonciation, et les tourterelles de Carpaccio qui, posées sur une balustrade, dissipent l'ennui de ses « Deux Vénitiennes ».

Nous sommes sortis de notre enfance et nous y avons laissé des ailes et des couleurs. « Je m'en vais vous dire une chanson si belle, qu'elle vous ravira[1] », fait dire La Fontaine au rossignol, dans l'une de ses fables. Je pense au conte de Grimm et à son roitelet qui, plus malin que tous les autres, reçoit la couronne et devient le seigneur du monde aérien. Il n'était pas gros cependant. « C'est pour cette raison que les autres oiseaux l'appelèrent, par dérision, le roitelet. » J'ai adoré ces histoires-là. J'avais autrefois dans ma chambre d'enfant, au-dessus de mon lit, l'image de deux oiseaux qu'on aurait presque cru sortis tout droit d'un poème de Kipling. Un beau rouge-gorge au plastron écarlate y devise doctement avec une amie de passage, l'hirondelle. Le texte de leur conversation imprimé en légende fait peu de cas des hommes, ces drôles de bipèdes, à demi fous et dangereux.

I should really know
Why these anxious human beings
Rush about and worry so[2].

Décidément, ce sont les oiseaux qui ont raison !

1. La Fontaine, « Le Milan et le Rossignol », dans *Fables*, livre IX, fable 18.

2. « J'aimerais vraiment savoir / Pourquoi ces êtres humains angoissés / Courent partout et s'inquiètent tant. »

3.

Le tournant des siècles

Nous nous demandons parfois et nous cherchons à savoir quels ont été les signes annonciateurs des siècles passés. Ceux-ci commencent rarement leur carrière selon les lois immuables des mathématiques, tous les cent ans, au dernier coup de minuit du 31 décembre de leur quatre-vingt-dix-neuvième année. Les périodisations canoniques ou académiques de l'histoire (Antiquité, Moyen Âge, époque moderne, époque contemporaine) ne disent pas toujours les états de civilisation. L'historien et biographe de Louis IX, Jacques Le Goff, s'était déjà demandé en 2014 s'il était vraiment utile de « découper l'histoire en tranches[1] ». Avec le temps et selon le niveau de nos connaissances historiques, on s'aperçoit, compte tenu de leur climat politique et social, comme des événements qui s'y sont produits, que les siècles peuvent être plus longs ou plus courts, démarrer bien avant ou

1. J. Le Goff, *Faut-il vraiment découper l'histoire en tranches ?*, Paris, Seuil, 2014.

bien après leur centaine. Le XIXe siècle commence peut-être au XVIIIe, le 17 juin 1789, lorsque les députés du Tiers convoqués par Louis XVI aux États généraux du royaume se constituent sans préavis et unilatéralement en Assemblée nationale, ou le 14 juillet suivant quand le peuple de Paris s'empare de la Bastille. Michelet l'avait bien senti qui, dès 1826, évoquait pour la première fois ce qu'il appelait « l'époque contemporaine », en la faisant commencer en 1789.

L'université reste souvent sourde à ces intuitions-là. Pendant longtemps, elle a fait commencer le XIXe siècle en 1815 ou en 1799, si j'en crois les publications des manuels d'histoire : *Les Temps modernes* des éditions Belin qui s'achèvent en 1815 ou le premier tome de la *Nouvelle histoire de France contemporaine* des éditions du Seuil (2012) qui démarre en 1799. On pourrait en dire autant du XXe siècle même si tout le monde s'accorde aujourd'hui pour le faire commencer en 1914 avec la Première Guerre mondiale et avec elle la transformation de l'ordre social, économique et politique du monde : la fin des empires, le bouleversement des vieilles hiérarchies sociales, les débuts de la décolonisation.

Qu'en est-il alors des prémices de notre XXIe siècle qui ne survient évidemment pas au 1er janvier de l'année 2000 ? Il est encore trop tôt pour lui trouver des origines clairement significatives, mais on peut déjà risquer quelques hypothèses. À défaut d'avoir la légitimité de mes choix, j'aimerais ici en proposer deux, profondément antinomiques dans leurs significations mais qui se complètent assez pour dire ce que nous commençons à observer. Le premier m'est apparu évident en revoyant récemment les trois épisodes d'un documentaire américain consacré à la reprise du festival de Woodstock, à Rome (dans l'État de New York), les 23-25 juillet 1999[1]. Tout s'est passé comme si les organisateurs du festival originel de 1969, Michael Lang et John Scher, avaient voulu, en une sorte d'illusion rétrospective et en réaction bien-pensante à la fusillade de Columbine (Colorado), y faire revivre l'esprit « *peace and love* » de 1969, tout en tenant compte des nouvelles exigences capitalistes du profit et de la rentabilité : coût élevé du ticket d'entrée et des services proposés sur place, enfermement des quelque 350 000 festivaliers sur l'ancienne base militaire de Rome pour éviter les fraudes, etc.

Sur fond de drogue, ce mélange-là allait être explosif et ce qui s'est produit au cours de ces trois jours sous une chaleur étouffante et au rythme d'une programmation très défoncée (Korn, Red Hot Chili Peppers, etc.) n'avait plus rien à voir avec l'esprit folk and rock, pacifique et bon enfant des débuts du mouvement hippie. Les dernières images du documentaire, qui montrent l'enceinte du festival couverte d'immondices, les émeutes, les viols, les incendies, la scène envahie, les palissades défoncées, la haine et la violence, sont assez parlantes. Nous entrions décidément dans une nouvelle ère de turbulences, annoncée par la plus grande démocratie du monde.

1. James Crawford, *Chaos d'anthologie : Woodstock 99*, diffusé en 2022 sur Netflix.

À l'opposé, et c'est le deuxième événement annonciateur du XXIe siècle que j'aimerais retenir, j'avais été frappé à l'époque, alors que j'en regardais la retransmission en direct à l'étranger, par la puissance des images de la cérémonie d'ouverture des jeux Olympiques d'été de Pékin, le 8 août 2008 au stade national de la ville, le fameux « nid d'oiseau » construit pour l'occasion sous l'autorité de l'architecte et artiste chinois Ai Weiwei : l'histoire de la Chine en dix tableaux, la lune, les étoiles et les anneaux, 15 000 figurants alignés au cordeau, une chorégraphie impressionnante de perfection synchronisée qui me faisait penser aux défilés de la fête nationale du 1er octobre, jour de la création de la République populaire de Chine, en 1949.

Bref, une extraordinaire démonstration d'ordre, de discipline et de force. Et la réaction incrédule du commentateur américain : « Un spectacle comme aucun autre. » « Waouh ! » On est loin de l'étonnante cérémonie parisienne de juillet 2024 : du rêve, de la fantaisie, des émotions, un zeste d'idéologie, la beauté et la liberté d'un chaos savamment orchestré. Cette revanche réussie sur la cérémonie des jeux de Pékin me semble pourtant n'être qu'un épisode parmi d'autres limité à une toute petite partie du monde. Ce n'est pas ce spectacle-là qui inaugure notre siècle. Aujourd'hui les bruits de bottes l'emportent largement sur les défilés déjantés de M. Jolly.

Peut-être cette antinomie de deux événements presque contemporains – Woodstock 1999 et Pékin 2008 : d'un côté, l'épuisement et la faillite de nos démocraties emportées par la violence, de l'autre, l'ordre totalitaire – dit-elle quelque chose de la chute des empires et de leur renaissance, de l'*hubris*, de la volonté de puissance et des rapports de force entre États tels que nous les observons aujourd'hui. Deux événements, deux mondes. Nous sommes dans le bon camp. Il a ses inconvénients mais nous l'aimons parce que nous y vivons peu ou prou en liberté. Pourvu que ce ne soit pas un camp de transit.

4.

Et si Talleyrand avait raison ?

J'observe à propos de la guerre en cours en Ukraine à quel point nous restons en France divisés. Alors qu'après avoir tenté jusqu'au dernier moment de jouer les médiateurs à Kiev et à Moscou, notre président de la République a clairement pris parti pour l'agressé contre l'agresseur, à droite comme à gauche, des hommes et des femmes politiques cachent à peine leur sympathie pour Poutine, pour sa politique d'influence et de contrôle des anciennes républiques soviétiques comme pour son régime.

On peut légitimement se poser la question de savoir d'où vient cette fascination française pour la Russie et ses autocrates, depuis les tsars jusqu'à nos jours. À l'évidence, elle ne date pas d'hier. À commencer par l'admiration sans bornes des philosophes des Lumières pour Catherine II, dans la seconde moitié du XVIIIe siècle. *De l'homme*, le plus matérialiste des ouvrages d'Helvétius, publié peu de temps après la mort de l'écrivain, en 1773, lui est dédié avec fracas : « À l'impératrice de toutes les Russies, protectrice des arts et des sciences, digne par son esprit de juger des anciennes nations comme elle est digne de gouverner la sienne. » Ce qui n'empêchera pas la vertueuse impératrice de réprimer sauvagement la révolte paysanne de Pougatchev dans la basse Volga. Diderot et Grimm, enthousiastes, font, la même année, le voyage de Saint-Pétersbourg et dans ses lettres Voltaire n'en finit pas d'encenser l'« immortelle », la « Sémiramis du Nord », « la première de toutes les femmes ». Qu'on relise celle du 21 juin 1766 : « C'est maintenant vers l'étoile du Nord qu'il faut que les yeux se tournent. Vous êtes devenue réellement la bienfaitrice de l'Europe. » Et de comparer la Russie à une sorte de « paradis terrestre ». On en reste un peu coi lorsqu'on sait qu'au même moment Catherine II s'apprêtait à envahir une partie de la Pologne, avant d'occuper la Crimée. De son ermitage de Ferney, le vieux philosophe hypocondriaque jubile : « Votre Majesté me rend la vie en tuant les Turcs. » Et les ministres de Louis XV puis de Louis XVI, Choiseul, d'Aiguillon et même Vergennes, de fermer à demi les yeux sur les conquêtes russes. Au siècle suivant, le terrain de jeu polonais devient presque une habitude pour l'ours russe, sans plus émouvoir Paris. « L'ordre règne à Varsovie », se félicite Horace Sébastiani, le ministre des Affaires étrangères de Louis-Philippe, à la tribune de la Chambre des députés, en septembre 1831, alors que l'armée de Nicolas Ier venait de mater une énième insurrection polonaise[1].

1. « Aux dernières nouvelles, la tranquillité règne à Varsovie. » La phrase a été volontairement déformée par l'opposition et reprise dans l'une des plus fameuses caricatures de Grandville.

Mais revenons à nos philosophes. Denis Diderot pensait de bonne foi conduire l'autocrate sur la voie des réformes et celle-ci n'en faisait qu'à sa tête, écartant d'un revers de main ses « entretiens » et « observations » qu'elle traitait de dangereux « babil ». Décidément, les propagandistes de la Russie, les « missionnaires laïcs de sainte Catherine », comme le disait encore Voltaire, ne datent pas de l'Union soviétique et des voyages soigneusement calibrés de nombre d'intellectuels français entre les deux guerres. Le régime change, la fascination continue, comme si la révolution d'Octobre avait été la preuve éclatante du renouvellement des promesses de 1789. François Furet a tout dit, dans son *Passé d'une illusion*, de ce tragique malentendu. Les deux révolutions russe et française se confortent l'une l'autre dans un même messianisme. On chantait *La Marseillaise* dans les rues de Saint-Pétersbourg en octobre 1917. Quand Gide publie son *Retour de l'URSS* peu après son voyage de juin 1936 à Moscou et en Crimée et qu'il témoigne publiquement de son « profond malaise » à l'égard des Soviétiques, on le traite de « renégat ». Et cela durera jusque dans les années 1970. À cette époque, nombre de communistes français restaient indéfectiblement fidèles au système de Moscou et à ses promesses, quitte à détourner la tête, quitte à être plus royalistes que le roi. Souvenons-nous du rapport secret de 1956 « attribué au camarade Khrouchtchev » sur les horreurs du stalinisme, qui n'aurait simplement pas existé. Et du XXIIIe congrès du PCF, du bilan « globalement positif » des pays socialistes, du soutien public apporté par Georges Marchais à l'intervention russe en Afghanistan. C'était en décembre 1979 !

Les artifices ont la vie dure. Les « villages Potemkine » du voyage triomphal de Catherine II en Crimée n'en finissent pas de se multiplier. Et que dire des emprunts russes évaporés comme neige au soleil, de l'entente de 1894, des rêves d'alliance militaire de Poincaré qui finiront dans la boue des tranchées de la Grande Guerre ? Napoléon aussi croyait à l'alliance russe, à Tilsit en 1807, avant de perdre une partie de son armée dans les eaux glacées de la Bérézina. Aujourd'hui encore, on veut se convaincre, au nom du réalisme, des vertus d'une grande Europe « depuis l'Atlantique jusqu'à l'Oural », en oubliant un peu vite le soutien inconditionnel du général de Gaulle aux Américains à l'époque de la crise des missiles de Cuba en 1962. Ces derniers mots, prononcés à Strasbourg en novembre 1959, n'avaient rien d'un encouragement à la Russie soviétique. Ils me font plutôt penser à un coup de fusil tiré contre sa double nature expansionniste et totalitaire. On est loin des complaisances sentimentales des présidents Chirac et Sarkozy au début de l'ère Poutine. Ces deux-là ressemblent aux aveugles du tableau de Brueghel qui, tout en se tenant les uns aux autres, vont droit au précipice[1].

Alors, qui sont les véritables visionnaires ? Talleyrand peut-être ? En relisant certaines de ses lettres, j'y trouve d'étranges échos à la situation actuelle. La Russie, écrit-il dans ses mémoires, n'a jamais été fiable. Et de redouter

1. *La Parabole des aveugles*, 1568.

son « immensité », et de décrire le peuple russe comme « un instrument aussi facile à manier qu'il est formidable ». On connaît sa célèbre apostrophe à Alexandre Ier, à Erfurt en 1808 : « Le peuple français est civilisé, son souverain ne l'est pas ; le souverain de la Russie est civilisé et son peuple ne l'est pas. » Talleyrand désapprouvait le traité franco-russe du radeau de Tilsit (en 1807). Il en avait averti Napoléon, en vain. « Les alliances qui ont la conquête pour objet sont pernicieuses ; d'abord pour ceux contre qui elles sont dirigées, et en définitive, pour ceux mêmes qui les ont faites. Quel que soit l'événement, elles ne sauraient jamais être durables par mille raisons. » Il voyait dans ce qu'il appelait « les envahissements russes » du XVIIIe siècle la fin des équilibres européens hérités des traités de Westphalie de 1648. À ses yeux, tout y conduisait : les trois partages de la Pologne, l'annexion de la Crimée en 1783, l'occupation de la Bessarabie, les guerres de Moldavie et de Valachie contre les Turcs, la flotte russe à Corfou et en Méditerranée.

On ne saurait s'abstenir d'être informé et lucide lorsqu'on conduit les affaires du monde. Je lis encore ceci dans l'une des lettres inédites du « diable boiteux ». Elle est datée du 12 mai 1807 : « Ce pays a tellement cherché à se mêler à toutes les affaires des autres peuples qu'on est bien aise d'analyser ses ressources, ses vues, sa position. [...] Le sujet est riche et attachant[1]. » Il l'est, en effet !

---

1. Talleyrand au baron de Bourgoing, ministre de France en Saxe, 12 mai 1807.

5.

Les cinquante vies de Belmondo

J'ai vu le cercueil de Belmondo entrer dans la cour des Invalides, le pas lent des gardes républicains, le roulement sourd des tambours et puis un brancard recouvert du drapeau, posé sur le pavé. Au fond, la simplicité presque nue de l'hommage qui lui a été rendu par la République, en présence de son président, ressemble à ce qu'il a été. Tout s'est passé presque en silence, comme si ce silence des Invalides, un certain après-midi de septembre 2021, avait été la plus belle réplique qu'on puisse donner aux années de tournages et de mots d'acteurs d'une génération qui n'existe plus.

Je me suis souvenu, en regardant ces images, des premières lignes de Paul Valéry dans *Monsieur Teste* : « Je me suis rarement perdu de vue ; je me suis détesté ; je me suis admiré ; puis, nous avons vieilli ensemble. »

Et en effet, nous avons tous vieilli avec Belmondo – plus et mieux qu'avec Delon qui était trop beau dans ses premiers films pour avoir échappé au temps – quand ce dernier a su donner au cinéma, à chaque fois que l'une de ses époques s'épuisait, une sorte de jeunesse éternelle. Peut-être ressuscitera-t-il en chat ? Son aptitude à toujours rebondir ne tient pas seulement à ses cascades. Il est entré sur scène en vagabond avec Godard dans *À bout de souffle*. Il en est sorti en vagabond, presque cinquante ans plus tard, avec Francis Huster dans *Un homme et son chien*. S'il a tout joué, s'il a tout traversé, c'est peut-être parce qu'il nous a donné le sentiment de n'habiter nulle part, de toujours vouloir s'échapper, de toujours fuir. Nombre de ses films sont des films de départ et d'arrachement. Ferdinand Griffon, le bourgeois parisien de *Pierrot le fou*, Arthur Lempereur, le milliardaire désœuvré des *Tribulations d'un Chinois en Chine* de Philippe de Broca, s'ennuient et s'en vont. Pour la Côte d'Azur ou pour Hong Kong, peu importe. Belmondo appartient décidément à la famille des acteurs sans domicile fixe. Comme ces lettres qu'autrefois la poste nous renvoyait avec un simple tampon. Belmondo : absent, inconnu, n'habite pas à cette adresse. Sa célèbre réplique d'*À bout de souffle* suffit presque à le résumer : « Si vous n'aimez pas la mer, si vous n'aimez pas la montagne, si vous n'aimez pas la ville, allez-vous faire foutre ! »

Je ne trouve pas d'autre explication – si l'on met à part son immense talent – à ses vies successives. De quel Belmondo parle-t-on au juste ? De celui de la « Nouvelle Vague », du jeune voyou d'*À bout de souffle*, du Louis Mahé de *La Sirène du Mississippi* quand Truffaut lui fait jouer avec Deneuve l'une des plus belles scènes d'amour du cinéma français – « Ton visage est un paysage. [...] Je suis enchanté de vous connaître, madame » ? Je ne lui trouve d'équivalent que la scène du *Mépris* avec Bardot : « Tu les trouves jolies, mes fesses ? [...] Et mes seins, tu les aimes ? » Parle-t-on au contraire du Belmondo des films noirs de Sautet, de Becker, de Melville où les femmes comptent pour presque rien, où tout se résume à des histoires d'amitiés – ou de trahisons –, exclusivement entre hommes. Je pense à *Classe tous risques* de Sautet, à *Un nommé La Rocca* de Becker, au *Doulos* de Melville. Stetson, lunettes noires et belles américaines. Beretta et grosses bagarres. « Moi, ce que j'ai de mieux, c'est mon gauche ! » (*Classe tous risques*). Et le *Singe en hiver* de Verneuil, et *Cent mille dollars au soleil.* Avec Gabin dans un trou perdu de la côte normande, avec Lino Ventura dans le désert saharien, il incarne peut-être les deux plus belles histoires d'amitié, de rêves et de folies du cinéma français. Et puis, il y a le Belmondo de Philippe de Broca, de Gérard Oury, de Lautner, le Belmondo du cinéma « populaire », *L'Homme de Rio*, *Le Magnifique*, *L'As des as*, *Le Cerveau*, *Le Guignolo*, qui se multiplie, se dédouble et se copie à l'infini en une sorte de course folle, jusqu'à jouer sa propre caricature. François Merlin ou Bob Saint-Clar ? Il manquera toujours un « r » à ses aventures, pour nous faire rire.

À chacun ses films et son cinéma, Belmondo est toujours là. Ce qui le rend unique c'est qu'on peut tour à tour l'aimer en imperméable mastic, en soutane (dans *Léon Morin, prêtre*), en smoking et cravate noire (dans le *Stavisky* d'Alain Resnais), en casquette, en haut-de-forme, en bicorne, il nous donnera toujours le sentiment qu'il existe une suite à ses histoires, que tout n'est pas fini. Même quand il meurt au cinéma, même quand il se suicide en bleu dans *Pierrot le fou*, des bâtons de dynamite autour de la tête, et cherche, au dernier moment, à éteindre la mèche qui va le faire exploser. « Après tout, je suis idiot moi. Merde ! Merde ! » Peut-être a-t-il prononcé ces mots-là avant de mourir dans la vraie vie ? On ne meurt jamais au cinéma. On y laisse son double et c'est lui qui vous remplace.

6.

Le lapin qui fume

Je ne sais si vous vous êtes promené un jour le long de la côte vendéenne dans le joli village de Saint-Benoist-sur-Mer. Si vous aviez levé la tête, vous auriez vu au faîtage du toit en tuiles de l'église un drôle de lapin en pierre en train de fumer la pipe. Peut-être regarde-t-il la mer par défi, pour narguer les marins qui, comme l'on sait, évitent de prononcer son nom de peur qu'il ne leur arrive malheur. On voulait qu'autrefois le petit animal ait été la cause de nombreux naufrages après avoir fait de bon appétit son « quatre heures » du calfatage de chanvre de la coque de certains bateaux. J'en doute un peu comme je doute des jolies histoires à l'usage des touristes censées expliquer la présence du mystérieux lapin de Saint-Benoist : un moine distrait, un curé amateur de pipe et de clapiers ou plus probablement une blague d'ouvriers qui, à la fin du XIXe siècle, alors qu'ils réparaient le toit de l'édifice, voulurent se moquer d'un camarade qui aimait trop les femmes. « Chaud comme un lapin ! »

Décidément le lapin sert à tout. Il habite les contes de notre enfance. Nous avons couru à perdre haleine avec Alice derrière le lapin blanc de Lewis Carroll. Vous savez, celui qui regarde toujours sa montre et disparaît dans son terrier. Nous avons pleuré aux ruses du Chat botté qui faisait au roi des cadeaux de jeunes lapins innocents pris dans son sac à malices. Nous avons ri de ceux de Cham et de Benjamin Rabier parce qu'ils se fichaient des chasseurs ou des bons tours de ceux de Béatrix Potter dans le potager du pauvre M. McGregor. « *Once upon a time were four little rabbits and their names were Flopsy, Mopsy, Cotton Tale and Peter.* » Sans compter toutes les expressions populaires qui font allusion au petit herbivore aussi inoffensif que les innombrables défauts qu'on lui a prêtés : le coup du lapin, détaler comme un lapin, b… comme un lapin, poser un lapin. Il paraît même qu'au Canada les Québécois crient « lapin » pour éviter que la fumée ne leur entre dans les yeux.

Tout cela me fait un peu penser à nous. Si le lapin fume, c'est peut-être parce qu'il se fout de tout. Du train où vont les choses, je lui trouve des vertus allégoriques. Le monde va mal et nous avons de plus en plus l'air de sortir, comme notre petit rongeur, mal réveillés et légèrement ahuris du chapeau du magicien. Nous avons beau nous frotter les yeux, il fait aussi noir à l'extérieur qu'à l'intérieur. Suivons donc les lapins. Ils ont peut-être l'avantage de nous dire d'où nous venons et ce que nous serons.

Le lapin a d'abord été biblique. Avec de la patience, on peut apercevoir au Louvre l'un des plus beaux tableaux du Titien[1]. On y voit la Vierge à côté de sainte Catherine et de l'Enfant Jésus. À ses pieds, un lapin blanc. Quand il ne personnifie pas la chasteté dans la peinture religieuse, du côté profane, le petit animal fertile est souvent l'ami de Vénus et de son terrible fils Cupidon. On comprend pourquoi ! Au XVIIIe siècle, il n'est plus qu'un trophée de chasse dans les natures mortes d'Oudry ou de Chardin.

Il faut attendre le siècle suivant pour qu'il se mette à parler et nous emprunte nos travers et notre esprit. Cet anthropomorphisme-là a de beaux jours devant lui. Jeff Koons s'en amuse qui, en 1979, invente un lapin rose en train de manger une carotte, comme un double de l'enfance. Le lapin est partout, il devient publicitaire et sert à vendre les piles Duracell en tapant sur son tambour plus longtemps que les autres – « *No ordinary battry last like it !* » –, il se succède indéfiniment à lui-même en peluche ou en chocolat, il nous prévient de nos démons et nous montre du doigt en docteur Folamour – je pense à *GFP Bunny*, le lapin fluorescent et transgénique de l'artiste américano-brésilien Eduardo Kac ou aux *Rabbit Slippers* du Belge Wim Delvoye où deux lapins blancs taxidermisés en forme de chaussons nous avertissent de la fragilité de la vie, de nos habitudes consuméristes et de notre aveuglement. Aujourd'hui, le lapin ne symbolise plus rien sinon la mort de la nature et notre frénésie à vouloir la détruire.

Le lapin malade de la myxomatose, c'est nous. On se souvient des origines de l'épidémie. En juin 1952, le

1. *La Vierge au lapin*, vers 1530.

médecin et biologiste Paul-Félix Armand-Delille, trop encombré de lapins dans son beau domaine de Maillebois, près de Paris, inocule le virus mortel de la myxo à deux d'entre eux. Son parc était clos de mur. Il pensait que cela ne regardait personne d'autre que lui. Mais les lapins vivent dans des garennes et font des trous ! Deux ans plus tard, un lapin français sur deux était mort.

La boucle est bouclée. Nous voici revenus à nos folies. Je préfère les Chinois qui croyaient voir un lapin dans la lune. Ils en avaient fait, dans l'un de leurs très anciens contes, le compagnon de la belle déesse Chang'E, prisonnière de son palais de jade. Un lapin d'éternité dans un monde qui ne l'est pas. Villiers de L'Isle-Adam nous avait prévenus : « On s'en souviendra de cette planète ! »

7.

De Bibliothecis

Nos bibliothèques sont à notre image. Elles disent nos goûts et nos passions, nos tics, nos tocs et nos travers d'érudits. La mienne est en désordre permanent. Elle n'est pas classée par ordre d'auteurs, ou d'époques ou de pays mais selon l'usage temporaire que j'en fais. Je m'y promène comme en apnée, j'y reconnais mes livres à la couleur de leur dos, à leur épaisseur ou à la grosseur de leur titre. Je suis le seul à ne pas m'y perdre. Un autre n'y comprendrait rien. C'est une bibliothèque de fonds marins, qui change sans cesse selon les courants ou la clarté de l'eau. Certains livres nous accompagnent depuis toujours, d'autres apparaissent ou disparaissent. Les livres que je redécouvre dans mes propres rayonnages sont souvent ceux qui m'émeuvent le plus. Je les avais mis au purgatoire, je les retrouve et c'est comme si je les lisais pour la première fois. On les a lus trop jeune ou trop vite. Ils nous rejoignent tout à coup et transforment nos vies. Ce ne sont pas eux, c'est nous qui avons changé.

Il existe toutes sortes de livres, les plus importants nous habitent, d'autres nous suivent ou nous précèdent dans nos recherches. Ceux qui ne présentent aucune indication d'auteur sont les plus troublants. Ils sont aux trous noirs du chercheur ce que la manie des rébus était à Voltaire et à Frédéric II : des initiales, un pseudonyme ou une simple indication de qualité ou de fonction : « par un officier » ; « par un gentilhomme » ; « par un Français ami de la patrie » ; « par l'auteur de... » ou, plus savoureux, « par un homme sçavant [*sic*] et bien expert en la matière » ; « par l'écrivain le plus célèbre de notre siècle ». Ces livres-là disent les combats de censure d'autrefois ou le plaisir cultivé par quelques-uns – je pense à Stendhal – de rester dans l'ombre ou de tromper leurs lecteurs. On part à la chasse de leurs auteurs dans un dédale de chausse-trapes et de faux-semblants. Des érudits du XIXe siècle, Quérard, Barbier, y ont passé leur vie à coups de dictionnaires et de batailles rangées. Sans parler des faussaires. J'ai toujours eu une affection particulière, dans les inventaires de bibliothèques, pour la section des « Anonymes ».

À chacun sa bibliothèque idéale. Jorge Luis Borges en invente une dans ses *Fictions*, où tous les livres « possibles », écrits par combinaison aléatoire des lettres de l'alphabet et disposés dans autant de pièces hexagonales et identiques, ont le même nombre de pages et de signes[1]. Celle de Georges Perec, qui ne devait compter que 361 ouvrages, déborde de partout. Les 361 livres

1. Jorge Luis Borges, « La bibliothèque de Babel », *Fictions*, Le Livre de poche, 2018.

deviennent 361 auteurs, puis 361 thèmes[1]. Je ne sais pourquoi les plus grands écrivains ont souvent imaginé leur bibliothèque comme le lieu de tous leurs cauchemars. Des bibliothèques si parfaites et si universelles qu'elles en deviennent inaccessibles. Après tout, chaque bibliothèque à son « Enfer ». Souvenez-vous de celle imaginée par Umberto Eco dans *Le Nom de la rose.* Elle est labyrinthique, insondable et trompeuse comme la vérité qu'elle nous cache. À la fin de leur enquête et après de nombreuses morts mystérieuses, le franciscain Guillaume de Baskerville et Adso son assistant trouvent enfin le code qui les conduira à la lumière. Ils parviennent à entrer dans la salle la plus secrète de cet extraordinaire fouillis médiéval et monastique, le *finis africae,* où Jorge de Burgos, le vieux moine aveugle et jaloux, les attend devant l'exemplaire unique d'un texte d'Aristote sur l'humour et le rire, le livre II de la *Poétique.* Jorge tente alors de fuir et la bibliothèque s'enflamme, emportant avec elle le seul livre à dire le désordre du monde. À peine lu, le manuscrit disparaît. L'histoire est un peu à cette image. Plus on s'approche de ce que l'on pense être la vérité, plus celle-ci s'éloigne et nous échappe.

Dans un autre de ses textes, *De Bibliotheca*, et dans une veine franchement hilarante, Eco s'amuse à rendre les bibliothèques publiques inaccessibles à leurs lecteurs. Les cotes des livres sont si compliquées que personne ne peut les retranscrire. On ne pourra pas emprunter

1. Georges Perec, « Notes brèves sur l'art et la manière de ranger les livres », dans *Penser/Classer*, 1985.

plus d'un livre à la fois et l'on attendra des heures avant de l'obtenir. Les horaires d'ouverture seront organisés à seule fin de décourager les plus patients. Le lecteur, c'est l'ennemi ! Bref, sourit Eco, « dans l'idéal », aucun lecteur ne devrait pouvoir entrer dans une bibliothèque. On les réservera à l'usage exclusif de leurs conservateurs. Il savait bien que ce n'est pas vrai[1].

Les bibliothèques ont pour moi longtemps senti l'encre, le papier et la poussière. Après tout, des générations d'érudits ont vieilli à la lumière de leur lampe, une loupe à la main, entourés de leurs livres. Peut-être les pattes de mouche de la dernière lettre que mes prédécesseurs eurent à déchiffrer étaient-elles pour eux les signes mystérieux de leur destin, les lignes de leur vie.

Il n'y a pas d'histoire sans livres et sans archives. La bibliothèque est le sanctuaire de l'historien, comme le sont le laboratoire pour le chimiste ou les montagnes pour l'alpiniste. Je me souviens de la grande salle de la Bibliothèque nationale de la rue de Richelieu, aux trésors ignorés. J'y ai passé une bonne partie de mes jeunes années avant que celle-ci ne ferme pour les escalators et les couloirs interminables des quatre tours de la bibliothèque François-Mitterrand. On n'y entendait que le bruissement léger du papier, lorsqu'un lecteur tournait les pages de son livre. L'air y était comme saturé de vies secrètes : romans d'aventures, correspondances

1. D'après la conférence prononcée par Umberto Eco le 10 mai 1981 à l'occasion du 25e anniversaire de l'installation de la bibliothèque communale de Milan au palais Sormoni. Traduite en français par Éliane Deschamps-Pria aux éditions de L'Échoppe en 1986.

amoureuses, journaux littéraires qui circulaient entre eux. Nous étions là, envahis par le silence, dans une forêt de poutrelles, sous les voûtes en coupoles de verre et d'acier tout droit sorties de l'imagination fiévreuse de l'architecte Henri Labrouste et qui me faisaient irrésistiblement penser à l'intérieur du *Nautilus* de Jules Verne – *Vingt mille lieues sous les mers*, loin de la rumeur du monde. Les encriers de porcelaine marqués E. F. (Empire français) avaient disparu mais les longues tables de bois héritées de la Troisième République et les lampes aux abat-jour d'opaline verte y étaient toujours, qui donnaient à l'ensemble des airs de cloître et de couvent. L'écrivain de langue allemande Rainer Maria Rilke a tout dit, dans ses *Cahiers de Malte Laurids Brigge*, de cette salle Labrouste de la rue de Richelieu. Il y passait des journées entières, en lecteur de contrebande, au début du siècle dernier. « Je suis assis et je lis un poète. Il y a beaucoup de gens dans la salle, mais on ne les sent pas. Ils sont dans les livres. Quelquefois, ils bougent entre les feuillets comme des hommes qui dorment et se retournent entre deux rêves. Ah ! Qu'il fait bon être parmi des hommes qui lisent ! » Apollinaire n'écrit pas autre chose dans un merveilleux petit recueil publié l'année de sa mort, en 1918, *Le Flâneur des deux rives* : « Et, afin de me reposer, de me retrouver en famille, j'entrais dans une bibliothèque[1]. »

J'aime les bibliothèques. J'y ai fait mes plus belles découvertes, les plus étranges aussi. À la Bibliothèque

1. Apollinaire, « Des quais et des bibliothèques », rééd. Gallimard, 1975.

historique de la Ville de Paris, j'étais tombé un jour sur la correspondance de l'un de mes prédécesseurs, Georges Lacour-Gayet, qui, comme moi, avait écrit, dans les années 1930, une biographie du « diable boiteux » et prince des diplomates, Charles-Maurice de Talleyrand, l'homme aux treize serments. C'étaient de petites lettres sur papier bleu à en-tête imprimé. Et je suis resté sans voix en découvrant que l'adresse qui y figurait était la même que la mienne. Même ville, même arrondissement, même rue, même numéro ! À près d'un siècle de distance !

Un autre jour, alors que j'étais à la recherche de lettres inédites de Jeanne du Barry, la dernière maîtresse de Louis XV, une mèche de ses cheveux blonds, nouée par une faveur bleue, m'était tombée dans les mains, des plis de l'une d'entre elles, adressée à l'un de ses amants, après la mort du roi. Personne ne l'avait vue depuis près de deux cent cinquante ans !

Je n'ai découvert que tardivement l'extraordinaire bibliothèque de Versailles grâce à mon ami Vincent Haegele qui en préside les destinées. On m'en a presque donné la clef et j'y ai glané de quoi écrire plusieurs de mes livres. Pendant des semaines, accompagné de mon guide, je suis passé entre deux rangées de cartons, de manuscrit en manuscrit et de trouvaille en trouvaille. Il s'y cache des fonds anciens hérités de vieux érudits du XIXe siècle, propices aux découvertes. Mais aussi des journaux – sur le règne de Louis XV, sur les États généraux –, des recueils d'anecdotes, des récits de voyages, des pièces de vers que j'étais parfois le premier à lire, et bien d'autres choses encore. La bibliothèque de Versailles est un peu comme le cabinet de l'antiquaire des quais de Seine que visite Raphaël de Valentin dans *La Peau de chagrin*. En y entrant on y fait forcément un pacte, à l'image de celui du héros de Balzac. On y réalise un vœu, on y découvre un secret ou on croit le découvrir.

Je me souviens encore du jour où mon ami m'avait montré, dans la magnifique galerie des ambassadeurs inventée par le duc de Choiseul, la travée où il avait exhumé la veille, entre deux rangées de livres, l'un des très rares exemplaires de l'édition originale du *Don Quichotte* de Cervantès. Et de mon émotion en feuilletant les pages du *Précis de la Révolution française* de Rabaud Saint-Étienne, orné de plusieurs dessins originaux de Moreau le Jeune.

Les bibliothèques ont décidément des airs de sortilège. Je ne connais pas d'autres lieux au monde où l'on échappe si bien au temps. S'il est des endroits qui ne sont pas faits pour le dieu des heures et des horloges, l'épouvantable Chronos, ce sont bien les bibliothèques. On s'y installe et on part en voyage. Ce n'est pas d'encre et de poussière qu'il faut parler, c'est d'encre et de lumière.

8.

Rêves de ruines

« Je serai aussi trappeur, ou voleur, ou chercheur. Ou chasseur, ou mineur, ou sondeur. [...] Tout ça finira par un incendie, je vous le dis », écrivait Jacques Vaché dans l'une de ses dernières lettres à André Breton en novembre 1918, peu avant de se suicider dans la chambre vide d'un hôtel de Nantes, las des hécatombes et des tranchées. Il avait le rêve rageur et voulait en finir.

J'ai eu ces mêmes rêves dans mon enfance et, contrairement à Vaché, j'y croyais. À dix ans, je voulais être archéologue et j'étais persuadé que je le serais. J'avais lu dans la collection de Gautier-Languereau les *Quinze aventures d'archéologie* de Marcel Brion, illustrées par Georges Pichard, des dessins au trait qui me faisaient voyager. J'ai retenu le mot prémonitoire qu'y avait mis l'une de mes tantes en me le donnant à Noël : « Pour Emmanuel qui aime déjà les vieilles pierres... » Je me souviens aussi du premier chapitre. En Normandie, en 1830, à Berthouville près de Bernay, Prosper Taurin, un paysan à la Mérimée, madré et âpre au gain, avait découvert un trésor sous le soc de sa charrue. Des dizaines de plats, de coupes et de statuettes en argent, le plus extraordinaire ensemble d'orfèvrerie romaine qu'on eût jamais vu, dont il se fichait pas mal et qu'il aurait volontiers transformé en beaux lingots sans la diligence du directeur de la Bibliothèque royale de l'époque, Raoul Rochette. Le trésor existe toujours au Cabinet des médailles de la Bibliothèque nationale. J'ai lu récemment qu'il avait été magnifiquement restauré, en 2017, par le musée Getty, aux États-Unis. Je baignais littéralement dans ces histoires de fouilles et de trésors. Je croyais découvrir, à chaque pas dans la campagne, des objets énigmatiques. Pour moi, l'histoire pouvait sortir de terre à tout instant. Je ne savais pas encore que je marchais sur des morts.

Dans ma famille, on avait découvert en Lorraine, au creux d'une grosse bûche qu'on avait jetée au feu, des dizaines de réaux d'argent aux armes de Philippe III d'Espagne. J'imaginais des galions, des guerriers et des secrets. Ma mère m'avait raconté à cette occasion les trésors inépuisables des mines de Potosí au Pérou. J'ai encore l'une de ces pièces dans un coin de mon bureau comme je conserve dans ma bibliothèque les grands volumes des *Voyages pittoresques et romantiques de l'ancienne France* de Justin Taylor et Charles Nodier. Le premier volume, publié en 1820, était consacré à la vallée de la Seine et aux côtes de la Manche. Peut-être ai-je attrapé le goût des ruines et des vestiges à la contemplation des gravures qui l'ornaient. On y voyait le château de Robert le diable, les restes des abbayes de Jumièges et de Saint-Wandrille. Dans l'une d'entre elles, le dessinateur Évariste Fragonard s'était représenté en voyageur romantique, vêtu d'une longue redingote grise, en train de méditer devant le portail effondré d'une église romane. Comme s'il avait voulu signifier la fragilité des choses et le passage du temps. Hugo n'est pas loin :

Je vous aime, ô débris
Et surtout quand l'automne
Prolonge en vos échos sa plainte monotone[1].

Tout cela avait pour moi des airs de fées, de prières et de romans gothiques. Je garde encore le souvenir de mes premières impressions de ruines, de mes visites d'enfant à l'abbaye de Beauport près de Paimpol, en Bretagne, posée sur une plage et rongée par la grève. Un sortilège de granit. On y voyait les tombes des Polonais un peu givrés qui s'y étaient installés au XIXe siècle. Un figuier poussait à l'état sauvage dans le cloître et son feuillage épaississait encore un peu plus l'ombre qui y régnait, trouée par instants d'un rai de lumière. J'ai séjourné récemment dans une autre abbaye à demi ruinée, dans l'Oise, aux confins du Vexin français. Du salon du premier étage de la partie qui en avait été réaménagée au siècle dernier, on apercevait par une baie vitrée les restes du chœur gothique de l'ancienne abbatiale. Les arcatures de ses piles s'arrêtaient net au ras du ciel, un immense cèdre

1. Victor Hugo, « Aux ruines de Montfort-L'Amaury », dans *Odes et Ballades*, 1822-1828.

bleu lui tenait lieu de voûte. Je m'étais cru transporté à l'époque de Chateaubriand ou des voyages en Italie de Vivant Denon qui n'aimait les ruines que lorsqu'elles s'en retournaient à la nature.

On ne sait jamais ce qui nous constitue, ce qui habite notre mémoire. Parfois des riens, des souvenirs oubliés depuis longtemps ressurgissent à l'improviste. Je me suis rappelé tout cela il y a quelques jours, en regardant *The Dig*, le beau film de Samuel Stone diffusé par Netflix. Cela se passe en 1940 dans le sud de l'Angleterre. Tandis que le monde entier est sur le point de s'étriper, une riche veuve aidée d'un archéologue amateur découvre chez elle, sous un tumulus, la sépulture d'un chef saxon enterré dans son bateau et entouré de ses armes. De quoi méditer sur notre rage toujours recommencée de destruction. De quoi aimer pour toujours « l'aube éphémère des reflets[1] ».

Je ne suis pas devenu archéologue. J'ai renoncé à ses sortilèges et tout autant à la part scientifique du métier : les relevés, la description, les inventaires. Il n'y avait pas assez de mots dans cette passion-là, pas assez de phrases et trop de récits en forme d'impasses. Mon tempérament littéraire s'y refusait. Mais peut-être, après tout, l'historien est-il une sorte d'archéologue des archives et du papier. Lui aussi se promène dans un champ de ruines. Il les exhume et les répertorie strate après strate. Il veut reconstruire la maison. Il sait qu'il n'y parviendra pas, qu'il ne la rebâtira jamais « à l'identique ». Comme

1. André Breton, « Pièce fausse », dans *Clair de terre*, 1923.

l'archéologue, l'historien se débat avec le temps. Il en exhume les traces. Ce sont « des dieux d'une autre forme et d'une autre croyance », dirait Apollinaire. Autant d'énigmes enfouies dans le passé. Un rébus dont on cherche le sens.

9.

Éloge de la lenteur

Le *Roman de Renart* et les *Fables* de La Fontaine ont habité mes jeunes années. J'ai aujourd'hui plus de soixante ans et bien souvent les hommes et les femmes de rencontre que je croise ont l'air de sortir tout droit de la ménagerie fabuleuse du grand poète distrait. Comment ne pas prêter à certains de mes contemporains, selon les circonstances et la pente de leur caractère, les airs familiers du renard et du corbeau, de la ruse et de la vanité, du loup et de l'agneau, du chien esclave et galeux, du héron dédaigneux des poissons, de la cigale imprudente et de la fourmi travailleuse ? S'il est une fable qui l'emporte sur toutes les autres, c'est bien celle du lièvre et de la tortue. « Rien ne sert de courir ; il faut partir à point. » Comme à tous ceux de ma génération, on me la faisait réciter à dix ans. Je la lisais dans l'édition de 1906 illustrée par cet amoureux des animaux qu'était Benjamin Rabier. Ces images-là m'ont marqué pour toujours. On y voit un lièvre distrait et bucolique batifoler dans les herbes tandis que la tortue prévoyante et obstinée trace lentement son chemin sur la route qui la conduira bientôt la première à la borne d'arrivée.

Êtes-vous plutôt lièvre ou plutôt tortue ? Si nous ressemblons à l'animal bondissant de La Fontaine qui mettait sa vanité dans un incontestable sentiment de supériorité vis-à-vis de son empotée de commère, nous n'en avons plus les distractions sentimentales et poétiques. Aujourd'hui, le lièvre est devenu sérieux comme la mort. Il veut partir à temps et ne cesse plus de courir, après sa montre, après les autres, après lui-même. Depuis les futuristes italiens des débuts du XXe siècle, la vitesse est devenue l'allure obligée de la modernité et du progrès. Voulez-vous marquer le pas, on vous montrera du doigt en marginal inutile comme quelqu'un qui se serait approprié des libertés auxquelles il n'aurait plus droit[1].

Nous nous cachons dans l'instant par peur des heures qui passent, par ennui, pour échapper au vide qui sans cesse nous guette ou pour ne plus y penser. Non pas que je veuille, comme Raoul Vaneigem, faire l'éloge de la paresse, mais enfin, nous l'avons un peu oublié, perdre du temps, c'est en gagner. Où est donc passé Talleyrand – encore lui –, qui faisait de la lenteur une leçon de diplomatie ? « Voyez-vous, dans ma vie, je ne me suis jamais pressé, et pourtant je suis toujours arrivé à temps. » À Napoléon qui allait trop vite, il conseillait de remettre au lendemain ce qui ne pouvait être fait la veille bien et facilement. Mais le maître n'écoutait pas

1. Je pense au beau livre de Laurent Vidal, *Les Hommes lents. Résister à la modernité, XVe-XXe siècle*, Flammarion, 2020.

toujours le ministre ! Il faut se souvenir de la scène inénarrable, en 1807, au cours de laquelle Talleyrand présente ses bureaux à son successeur, le pâle et empressé comte de Champagny : « Monsieur, voici bien des gens recommandables dont vous serez content. Vous les trouverez fidèles, habiles, exacts, mais, grâce à mes soins, nullement zélés. » Et d'ajouter devant le novice ébahi : « Pas de zèle, surtout pas de zèle ! » On est là bien au-delà du style ou de « la composition d'une vie », comme dirait Sainte-Beuve. Le reproche de lenteur, explique encore Talleyrand, donne à ceux qui le font un air de supériorité et à ceux qui le reçoivent l'air de la prudence. Agir lentement. On y médite mieux les continuités de l'action politique, on anticipe les décisions à prendre, on échappe à l'émotion pour les chemins de la sagesse et de la raison.

Il est curieux de penser que, de part et d'autre de la Révolution, alors que nombre de contemporains nourrissaient, comme nous aujourd'hui, le sentiment d'une extraordinaire accélération du temps, les plus avisés s'en inquiétaient. Je lisais récemment le beau livre de Gilles Montègre consacré aux voyageurs des Lumières[1]. Ces promeneurs-là ont l'air d'être les ancêtres de nos modernes adeptes du *Guide du routard*. On ne voyage plus, regrettaient-ils déjà, on se déplace. Et de faire du voyage à pied ou à cheval la meilleure façon d'observer et de connaître le pays que l'on traverse. « Quand on ne veut qu'arriver, on peut courir en chaise de poste ;

1. Gilles Montègre, *Voyager en Europe au temps des Lumières. Les émotions de la liberté*, Tallandier, 2024.

mais quand on veut voyager, il faut aller à pied. » C'est du Rousseau, et c'est dans l'*Émile*. Je suis bien d'accord avec lui. Les transhumances accélérées, à date et à heure fixes, me dégoûtent. Umberto Eco s'en moquait déjà (dans *Pastiches et Postiches*) à propos des déplacements pendulaires du Milanais de base dans les années 1980. « La journée de l'indigène milanais se déroule selon les rythmes solaires élémentaires. Tôt le matin, il se lève pour se rendre aux tâches typiques de cette population. » Tristes tropiques ! Je préfère le lointain des arrière-pays au premier plan d'un tableau ; aux grandes routes, les vicinales et l'école buissonnière, aux horaires à tenir, les voyages à la billebaude. On y circule mieux, on n'en sait pas la fin. Et, croyez-moi, on arrive toujours à temps.

10.

Lettres de Russie

La vieille Russie, la Russie que nous aimons ne se résume pas à son dictateur, au FSB, aux bombardements de Grozny ou de Marioupol et pas plus à la sinistre colonie pénitentiaire n° 2 de Pokrov devenue soudain célèbre il y a quelques années (en mars 2021) par l'arrestation d'Alexeï Navalny. Et encore moins aux fantaisies œnologiques de Vladimir Poutine qui, avant d'envahir l'Ukraine, avait inventé, d'un coup de décret magique, le champagne russe et ravalé l'autre, le champagne français, à la honte des « vins pétillants[1] ».

Poutine n'avait sans doute pas vu les *Tontons flingueurs* de Georges Lautner, mais c'est un peu comme s'il s'était inspiré ce jour-là de l'absurdité loufoque des dialogues d'Audiard. Vous vous souvenez de celui de la distillerie clandestine, avant la livraison de l'alcool frelaté en forêt de Rambouillet, entre Lino Ventura et Horst Frank qui faisait déjà mine de s'inquiéter, avec son accent allemand

1. La loi est « votée » par la Douma le 5 juillet 2021.

inimitable, de la concurrence du Coca sur son tord-boyaux de contrebande : « La jeunesse française boit des eaux pétillantes et les anciens combattants, des eaux de régime. » Et la chute ! À faire pâlir le président de la Ligue nationale contre l'alcoolisme : « Puis surtout il y a le whisky ! »

Bien sûr, la Russie restera longtemps encore le pays du *Tchin*, de la « table des rangs » et des décisions arbitraires, à l'image de ce qu'en avait vu le marquis de Custine lors de son voyage de 1839. Les Soviets – comme dirait Hergé –, leur triomphe et leur chute, soixante-dix ans plus tard, n'ont rien changé du fonctionnaire éternel de l'époque des tsars. L'œil de Moscou – et maintenant ses usines à trolls, ses oreilles et ses écrans – voit tout. Non, ce n'est pas de cette Russie-là dont je voudrais parler, mais de l'autre, celle de Pouchkine, de Tourgueniev, de Tolstoï et d'Ivan Bounine que je viens de découvrir en lisant son étrange *Affaire du cornette Élaguine* : l'âme russe et la conscience tragique de ceux qu'elle habite, les immobiles et les reclus, les ivrognes et les déracinés, les silences et les secrets de la providence. « Le jugement de Dieu, nous ne le connaissons pas », dit Élaguine à la fin de son procès.

Peut-être ai-je aussi envie d'évoquer la Russie à cause de la reprise récente, au Festival d'Avignon, de *La Cerisaie* de Tchekhov, avec l'incomparable Isabelle Huppert dans le rôle de Lioubov. La pièce avait été jouée pour la première fois à Moscou en 1904 et c'était comme si elle annonçait déjà la révolution de 1917. Mais voilà. Les personnages de la pièce sont russes. Pas un, pas même Trofimov, le jeune étudiant révolutionnaire amoureux de Varya, n'arrive à se défaire de ses rêves. Tout les condamne : le bonheur et la nostalgie, la lenteur et l'envoûtement des paysages. Ils ne peuvent pas voir la catastrophe à venir. La propriété sera vendue, on coupera les cerisiers et le train passera au fond du parc.

Nabokov se demandait, à la fin de sa nouvelle éponyme, s'il n'avait pas carrément inventé « Mademoiselle O » de toutes pièces, cette gouvernante française qui habitait ses années d'enfance, bien avant l'exil. Les Russes voyagent comme les tortues, avec leurs souvenirs sur le dos. C'est cela, la Russie : des ciels immenses et des forêts de bouleaux. La tombe de Tolstoï, toute simple sous les grands arbres du parc de Yasnaya Polyana, qui avait tant ému Stefan Zweig lorsqu'il était allé la voir en 1928. « Un Russe quelconque dans la terre russe. » Depuis, on y a mis tout autour des soldats allemands tués en 1944, et des croix nouvelles entourent cette tombe sans croix. La Russie, c'est la terre des morts, la litanie des saints et des ancêtres, des gouttes d'or dans un ciel blanc, le prince Bolkonsky de *Guerre et Paix* en aïeul de légende, Moscou en flammes et le monument de Borissov sur la Bérézina. Tant de souvenirs qui parfois se confondent dans ma mémoire. On ne distingue jamais rien sous la neige !

J'ai vu récemment sur Arte le magnifique documentaire de Nino Kirtadzé consacré à Pasternak et au sauvetage miraculeux de son roman, *Le Docteur Jivago*[1]. Il m'a ému parce que *Jivago* est sans doute le premier des grands romans russes que j'aie lu, parce que j'ai toujours

1. Nino Kirtadzé, *Le Dossier « Docteur Jivago ». Je vous invite à mon exécution*, 2018.

en tête le refrain de la *Chanson de Lara*, parce qu'il est difficile aussi de se défaire de l'image de Julie Christie sous sa toque de fourrure. Lara disparaît, et pourtant Jivago soulève des montagnes. Il appartient à une époque où la littérature avait encore le pouvoir de faire trembler les dictateurs. Et puis, comme bien d'autres de mes souvenirs de famille accrochés à l'empire des tsars, ce roman-là fait un peu partie de mon histoire et de mes amitiés. J'avais été touché, en regardant le documentaire de Kirtadzé, de revoir la mère de l'un de mes amis les plus proches, Jacqueline de Proyart, que l'on venait juste d'enterrer à Paris au chant orthodoxe de la « Mémoire éternelle ».

Jeune agrégée de russe en stage à Moscou, elle avait sauvé, dans des conditions invraisemblables, le manuscrit de *Jivago*, bientôt publié par Gallimard en 1958. Plus tard, elle allait consacrer à Pasternak, devenu son ami, une partie de sa vie et de ses livres. Le documentaire emprunte son titre à l'un des plus beaux passages du romancier, dans l'une de ses lettres à son éditeur italien, Feltrinelli : « Je vous invite à mon exécution. »

Décidément, les Russes ressemblent au personnage de *La Vingt-cinquième heure* d'Henri Verneuil, joué par Antony Quinn, ballotté par les événements et emporté par son destin. « Personne ne fait l'histoire, on ne la voit jamais, pas plus qu'on ne voit l'herbe pousser. » Et je pense à Léon Werth : « L'histoire est l'échiquier de Dieu[1]. »

1. Léon Werth, *33 jours*, Viviane Hamy, 2015, p. 79.

11.

Benjamin Constant ou la liberté

Nous avons tous nos ancêtres. Ceux qui nous ont précédés et habitent notre tribu de leurs énigmes ou de leurs légendes, nos ancêtres de famille, anonymes et discrets. Et à côté d'eux, parfois les mêmes, les autres, ceux qui appartiennent à l'histoire. À chacun son panthéon. Le mien est peuplé de quelques figures qui régulièrement me font signe, que j'étudie et relis comme on le ferait des lettres d'un vieil ami. Ce ne sont pas à proprement parler des guides mais les gardiens du phare, les jours de tempête.

À la lumière de nos fragilités démocratiques, des guerres qui s'invitent à nos frontières et des vociférations totalitaires, il en est un auquel je pense souvent, ces jours-ci. Il ne s'est pas battu à coups de fusil, ses armes étaient d'encre, de mots et de papier. Il n'est pas tombé au champ d'honneur, mais il est mort d'épuisement pour des idées, en décembre 1830. Peut-être est-ce parce que nous lui devons beaucoup que nous l'avons un peu oublié. Peut-être son sort était-il de prêcher dans le désert d'un pays qui n'en finira jamais d'oublier ses libertés. Il n'est pas né en France mais à Lausanne en 1767, et peut-être nous fallait-il quelqu'un de là-bas pour nous le faire redécouvrir. L'historien et universitaire suisse Léonard Burnand vient de lui consacrer une biographie magistrale nourrie de sources nouvelles et façonnée au clair-obscur d'un homme qui n'aura eu de cesse d'accorder son âme à son intelligence[1].

Cet homme, c'est Benjamin Constant. « Cet homme supérieur », pensait Goethe, « le plus grand esprit du monde », disait Germaine de Staël qui l'a trop aimé. Avant lui, il y avait eu Rousseau. Après lui, il y aura Stendhal et Hugo. L'un et l'autre le continuent d'une certaine façon, le premier du côté des « crises du cœur et de l'imagination », le second du côté des libertés publiques et des droits individuels. Benjamin Constant marche sur deux pieds. Par lui, le romantisme entre dans l'arène politique. Avec lui, le jeu des passions s'accorde autant au combat des idées qu'à celui des sentiments. On se souvient de ses dingueries amoureuses pour la très belle Juliette Récamier, en plein retour de Napoléon de l'île d'Elbe, en mars 1815. C'est sans doute à cause d'elle – elle était royaliste – qu'il traite ce dernier, dans un article célèbre du *Journal des débats*, d'« Attila » et de « Gengis Khan », avant de se rallier à la cause du « tyran » dans l'espoir de le convertir au libéralisme.

Ses éclats de plume et de tribune sous le Directoire, sous Bonaparte, sous les rois de la Restauration,

1. Léonard Burnand, *Benjamin Constant*, Perrin, 2022.

entre 1816 et 1830, ont peut-être été autant d'exutoires à son ennui, à sa mélancolie, à ses indécisions amoureuses et à son inaptitude au bonheur. Comment « arranger ma vie » ? « J'ai raison d'être fou. Je serai fou de ne pas l'être. » Bien sûr, il y a les remords d'une mère morte en le mettant au monde, il y a les mensonges d'un père remarié sans qu'il le sache, il y a le vertige amoureux d'Isabelle de Charrière, de Germaine de Staël et de Juliette Récamier, il y a la diagonale du jeu, des duels et des dettes. Il y a les plus beaux textes d'introspection jamais publiés : son *Journal*, *Adolphe* et *Cécile*, mais il y a surtout ses écrits politiques. De la Révolution il a pris le meilleur des libertés de 1789 et rejeté la terreur. Et s'il a changé de position sous les Cent-Jours, comme on le lui reprochera tant, c'est pour rédiger la Constitution la plus libérale qui ait jamais existé à l'époque, ce fameux « Acte additionnel aux constitutions de l'Empire » très vite rebaptisé la « Benjamine ».

Il faut l'entendre traiter le régime de Bonaparte, dès les débuts du Consulat, en 1800, de « régime de servitude et de silence », ferrailler en 1816 à la Chambre des députés contre les « jacobins de la royauté », prêcher la limitation des pouvoirs d'État à la tribune de l'Athénée, défendre inlassablement les libertés de presse, de pétition, de réunion et de conscience, combattre les injustices comme Voltaire le faisait pour Callas. « Liberté en tout. » Il faut relire ses *Principes de politique*, ses *Mélanges de littérature* et même ses pamphlets : *Des réactions politiques*, *De l'esprit de conquête et de l'usurpation* lancé tel un brûlot contre Napoléon en 1813. Vous y trouverez des propos étrangement contemporains qui vous feront penser à nos guerres actuelles et feraient pâlir n'importe quel dictateur en herbe. Celui-ci par exemple : « Nous sommes arrivés à l'époque du commerce, époque qui doit nécessairement remplacer celle de la guerre. [...] Un gouvernement qui voudrait aujourd'hui pousser à la guerre et aux conquêtes un peuple européen commettrait un grossier et funeste anachronisme. » Ou cet autre : « On ne croit rien de ce qu'affirme une autorité qui ne permet pas qu'on lui réponde. »

Benjamin Constant me touche d'autant plus qu'en France, le libéralisme a toujours été une cause perdue. Cela commence dès le mois de septembre 1789, à l'Assemblée nationale, lors des débats sur la Constitution. Les Monarchiens échouent à faire passer le principe des deux chambres contre celui d'une chambre unique. Il ne pouvait en être autrement compte tenu de la soudaineté et de la brutalité du renversement de souveraineté, de la monarchie absolue à la nation une et indivisible. Le modèle libéral d'équilibre des pouvoirs était inenvisageable dans un contexte de grande hostilité aux élites et à l'aristocratie. L'idéal révolutionnaire des droits de l'homme est par essence unanimiste, il s'est exercé dès le début aux dépens des particularismes individuels, géographiques ou sociaux chers aux libéraux. Il y eut bien quelques embellies au XIXe siècle, mais sans lendemain. En France, on vous traite de libéral comme on vous enverrait une injure à la figure. Depuis Locke et Montesquieu, le libéralisme est entaché d'aristocratie. On confond à tort ses défenseurs avec ceux des intérêts et de l'argent. J'en veux pour preuve notre méfiance persistante vis-à-vis du fameux « modèle anglo-saxon » devenu une sorte de mythe négatif et fourre-tout qui désigne tantôt l'ultra-libéralisme, tantôt la mondialisation à l'américaine. Ce sentiment-là n'est pas près de s'éteindre. L'État, un État encombré de son administration, vertical, omniscient et providentiel l'a emporté au nom du principe d'égalité. Certes, depuis les premières années du XIXe siècle, d'autres que Benjamin Constant ont repris le flambeau. Mais dans la distance des temps, il reste notre conscience, une conscience douloureusement vivante.

12.

Au pays des passions tristes

Je lis ceci au détour du merveilleux recueil d'aphorismes du prince de Ligne, qui porte un si joli titre : *Mes écarts ou ma tête en liberté* : « S'ils ne sont plus chantants et dansants et galants, les Français deviendront des fous furieux. » Comme par prémonition, Ligne, le prince couleur de rose, l'enchanteur de l'Europe, écrivait cela peu de temps avant la Révolution de 1789. Depuis, les Français se prennent au sérieux. Lorsqu'un peuple spirituel, sentimental, versatile, vaniteux et léger s'accroche aux grands principes, le pire n'est jamais loin du meilleur.

Je ne sais si depuis nous sommes devenus fous, mais je nous trouve de plus en plus tristes. L'euphorie des jeux Olympiques de Paris n'a malheureusement été de ce point de vue qu'une parenthèse. Certains personnages de roman incarnent à la perfection le ton et le climat d'une époque. Le défi lancé par Rastignac à la gloire et à l'ambition, du haut du cimetière du Père-Lachaise, à la fin du *Père Goriot*, résume à lui seul toute l'énergie, la mobilité et les passions d'un XIXe siècle qui n'était pas aussi « stupide » que le pensait Léon Daudet. « À nous deux maintenant ! » Il est peut-être une figure de papier qui lui correspond en ce début de XXIe siècle incertain et tourmenté, c'est celle du professeur de littérature parisien, spécialiste de Huysmans (François), désabusé et converti aux puissances du jour, dans l'un des derniers romans de Houellebecq, *Soumission*. Les immensités qui séparent ces deux personnages donnent le vertige.

La littérature ne dit pas tout, mais elle donne souvent à voir l'écume des jours, les mille nuances et variétés morales qui nous habitent. Et, ces temps-ci, le moins que l'on puisse dire, c'est qu'elle n'est pas d'une franche gaieté. Du roman aux grands déballages autobiographiques et voyeuristes, on ne sait ce qui l'emporte de nos peurs, de nos égos démesurés ou de notre goût presque morbide pour le malheur, à commencer par le nôtre. Nous vieillissons. Nous ne parlons plus que de retraites et de fin de vie quand d'autres pensent à l'avenir. Nous nous laissons conduire de bout en bout par le mauvais génie des passions tristes ou par je ne sais quel déterminisme contre lequel nous ne pourrions rien.

Ne parlez pas de votre enfance heureuse, on risquerait de se moquer de vous. La soupe autobiographique qu'on nous sert est plutôt relevée : une pincée d'inceste, un zeste de viol, des coups et des blessures au corps comme à l'âme. Voilà ce que nous sommes. Relisez le *Héros* de Félicie Herzog ou *Nom* de Constance Debré, sans parler des classiques, et vous aurez du souci à vous faire si par malheur vous avez des enfants.

On pleurait beaucoup à la fin du XVIIIe siècle et nous avons fait la révolution. On pleure à nouveau aujourd'hui, dans nos démocraties occidentales et postcoloniales. Les larmes du siècle des Lumières débordaient d'émotions et de sentiments, les nôtres sont coupables. On veut absolument que nous pleurions sur nous-mêmes. Malheur aux anciens dominants ! Nous n'en finirons jamais de compter nos victimes. Comme si la compassion nous servait de cautère, comme si elle tenait lieu d'excuse à nos ressentiments et à notre mal-être. Je m'étonne toujours de voir combien la défense des minorités ou, si l'on préfère, des « identités », qui est une cause magnifique en soi, est aujourd'hui si souvent abîmée d'intolérance, d'idéologie, de revanche, de menaces et d'arbitraire.

Depuis vingt ans, nous avons tout donné en rémission des péchés de notre histoire : les remords et la repentance, les excuses et la main tendue. Avec l'Algérie, avec notre passé colonial, avec nos guerres et nos massacres, avec les immigrés, avec les minorités. Nous n'en allons pas mieux pour autant. C'est qu'il faut être deux pour se serrer la main. Paul Ricœur a tout dit des contradictions du pardon et de l'oubli. On ne peut pardonner que ce qui n'a pas été oublié. On n'est vraiment pardonné que si celui qui pardonne veut bien que nous ne soyons plus coupable. Au début du XIXe siècle, sous la Restauration, le pardon accordé aux révolutionnaires s'était accompagné d'une impressionnante litanie de messes expiatoires en mémoire des victimes de la Terreur. Dans ses souvenirs, le jeune libéral Charles de Rémusat évoque à ce propos le « nuage d'encens funéraire » qui entourait alors les

Bourbons, cette « lugubre auréole » qui finira par en choquer plus d'un. À force de vouloir oublier la Révolution, on avait fini par la ressusciter tout en l'accusant.

Aujourd'hui, on sait moins que jamais ce qu'est le pardon. On en a perdu le sens chrétien. Vos fautes vous restent indéfiniment. Cela commence au tout début de la vie d'un justiciable, au moment de sa mise en examen. Les violations à répétition du secret de l'instruction, les plateaux de télévision transformés en autant de réquisitoires réduisent son innocence à rien. On se croirait revenu aux beaux jours de la Terreur, lorsque les « décrétés d'accusation » étaient condamnés avant même d'être jugés. Une fois pris dans l'engrenage, cela ne s'arrête plus. Au tribunal, les délais de prescription s'allongent jusqu'à n'en plus finir. Vous avez été condamné, vous vous êtes racheté, vous avez payé votre dette à la société, et pourtant, vous êtes toujours coupable.

Peut-être sommes-nous, du fond de nos démocraties vieillissantes, des enfants trop égoïstes et trop gâtés ? Peut-être avons-nous mis trop d'espoir dans ce qui nous constitue depuis 1789 ? Les promesses sont rarement tenues lorsqu'elles sont trop belles. La liberté, l'égalité, l'indivisibilité, la fraternité sont autant d'abstractions difficiles à résoudre. L'égalité après laquelle nous courons depuis deux cents ans nous divise autant qu'elle nous rassemble. Elle nous pousse parfois les uns contre les autres. Combien sommes-nous à reporter sur nos semblables nos propres frustrations ? Les avantages de ceux-ci, les privilèges de ceux-là. Les fortunes acquises et, pire encore, les fortunes transmises. Nous étions soixante-huit millions de Français, nous sommes devenus soixante-huit millions de juges.

Je pense souvent à ce propos à Tocqueville qui, après avoir montré les bienfaits de l'égalité, en annonçait les risques au chapitre premier de sa *Démocratie en Amérique* : « Dans les temps d'égalité, les hommes n'ont aucune foi les uns dans les autres. [...] Cette même égalité qui [les] rend indépendants les uns des autres [les] livre isolés et sans défense à l'action du plus grand nombre[1]. » Et si par malheur vous ne pensez pas comme la majorité de vos semblables, vous en êtes libre bien sûr, on ne vous tuera pas comme un tyran le ferait. « Votre vie, vos biens vous restent, mais de ce jour vous êtes un étranger parmi nous. »

Tocqueville aurait pu aller plus loin. Tout en nous donnant de nouveaux droits, l'égalité ne s'accorde pas toujours avec certaines de nos libertés : celles de dire, d'agir, d'entreprendre. On nous surveille trop souvent en son nom. Si l'État providence a ses vertus, il a aussi ses contraintes, sa morale, ses pesanteurs, ses normes et ses quotas. L'extraordinaire expression française « discrimination positive », qui fait de sa sœur américaine (*affirmative action*) un oxymore en associant l'arbitraire au bienfait, dit tout de ces contradictions-là.

Joseph Fouché, le ministre de la Police de Bonaparte, le notait déjà dans un rapport à ce dernier, sous le Consulat.

1. Tocqueville, *De la démocratie en Amérique*, vol. 2 (1840), première partie, chap. 2 : « De la source principale des croyances chez les peuples démocratiques ».

Les Français seront toujours prêts à oublier certaines de leurs libertés pourvu qu'on leur conserve l'égalité. Ils savent pourtant qu'elle est un principe abstrait, que sa déclinaison intégrale aurait de bonnes chances de nous conduire tout droit au totalitarisme. Nous ne sommes pas près d'en finir avec les idéaux de la Révolution, leur absolutisme, leur sacralité, leurs contradictions. Notre unité tourne au cauchemar. Nous ne savons pas quel sens donner à notre laïcité. Nos libertés se portent mal. Nous avons conquis de haute lutte l'égalité civile, puis l'égalité politique, nous travaillons ferme à l'égalité entre les hommes et les femmes. Cela ne suffit pas. Il y aura toujours quelqu'un pour nous montrer les chemins merveilleux de l'égalité sociale.

Après avoir parcouru le monde et en avoir vu le désordre, le romancier Sylvain Tesson avait eu cette réflexion, il y a quelques années, à propos de la crise des Gilets jaunes : « La France est un paradis peuplé de gens qui se croient en enfer[1]. » Peut-être avait-il raison. En nous montrant la terre promise, on a fait de nous autant de mécontents. C'est qu'elle s'éloigne à mesure que nous nous en approchons ! Je pense à Saint-Just et à son beau discours du 3 mars 1794. Pourvu que le bonheur reste « une idée neuve en Europe » !

---

1. La citation, formulée autrement, se trouve à la fin d'*Une très légère oscillation. Journal, 2014-2017*, publié aux éditions des Équateurs en 2017.

13.

Parlez-vous le français ?

Je suis de ceux qui pensent que le génie d'une langue tient à sa souplesse et à ses inventions. À condition de ne pas en abuser. Apollinaire aimait déjà les acrostiches à l'époque de la Grande Guerre. Par exemple cet « Olala » – pour : « On les aura les Allemands ! » – repéré dans une tranchée française dont il était sorti en 1916, avec dans la tête l'éclat d'obus dont il ne survivra pas[1]. Il y voyait une sorte de modernité allègre et bigarrée qui le mettait en joie. Les changements d'air et de temps, la force et l'influence des autres langues, les brassages, les respirations sociales font naître des mots nouveaux. Les courants les emportent et les ramènent sans cesse avec des couleurs et des sens différents.

On s'en préoccupait déjà en 1735 puisqu'on avait inventé pour eux l'expression : « néologisme[2] ».

1. Apollinaire, *Anecdotiques*, Gallimard, 1955, 16 novembre 1917, p. 245.

2. Mot nouveau ou sens nouveau. La dernière édition du *Dictionnaire de l'Académie française* dont le 4e et dernier tome est sorti chez Fayard

« L'habitude, lit-on dans l'abbé Prévost, d'employer des termes nouveaux[1]. » Que dire de ceux d'aujourd'hui ? Je m'imagine souvent assis au bord d'une rivière en train de regarder les mots remonter à la surface de l'eau comme les algues des profondeurs de la mer. On les invente à coups de préfixes ou de suffixes, par rapprochement ou par amalgame. Victor Hugo a sa « foultitude » et Francis Ponge ses « proêmes ». Ce sont les Anglais qui nous ont appris cela – les mots-valises. Dans *De l'autre côté du miroir*, Lewis Carroll fait dialoguer Humpty Dumpty, vous savez l'œuf assis sur un mur, avec Alice à propos du mot *slithy* (« souple et visqueux ») qu'il vient de créer : « Vois-tu, c'est comme une valise, il y a deux sens empaquetés en un seul mot. »

Les censeurs et contrôleurs de grammaire ne manquent pas cependant. Au début du XVIIe siècle, François de Malherbe, le poète et l'ami d'Henri IV, était si obsédé par la pureté de la langue qu'il en corrigeait encore sa gouvernante le jour de sa mort. Ou l'académicien Urbain Domergue qui, sous Napoléon, veillait à l'orthodoxie de la langue impériale. Je préfère mon cher Rivarol, l'auteur du *Discours sur l'universalité de la langue française* publié à Berlin en 1784, qui avait une façon bien à lui de juger des règles : « La grammaire est l'art de lever la difficulté d'une langue, mais il ne faut pas que le levier soit plus lourd que le

en novembre 2024 comporte 21 000 mots nouveaux (sur 54 000) par rapport à celle de 1935.

1. Abbé Prévost, *Le Pour et le contre*, t. 5, p. 98.

fardeau ! » Et cet autre mot qui emporte tout : « Ce qui n'est pas clair n'est pas français. » Sa contemporaine Marie-Françoise de Boufflers ne dit pas autre chose dans des vers que j'aime d'autant plus qu'ils m'ont été appris par ma mère :

Il faut savoir lire
Avant que d'écrire
Et puis dire en deux mots
Ce qu'on veut dire
Les longs propos sont sots.

Tous les régimes ont leur langue et encore plus les dictatures. Orwell l'avait bien compris dans son roman d'anticipation *1984* qui consacre des pages glaçantes à l'invention d'une langue officielle par les dirigeants de son empire de papier, Océania. Le *newspeak* ou novlangue est mis au service du pouvoir. Il s'agit de tailler le langage jusqu'à l'os et d'éradiquer par le contrôle des mots toute forme de pensée critique[1]. Nous n'en sommes pas si loin dans nos démocraties d'aujourd'hui. La « guerre propre », le « vivre ensemble », le « faire France » n'ont de sens que leur bêtise et leur laideur. Cela sonne creux. Foin d'oxymores et de tautologies. Ce ne sont pas ces figures de style-là qui nous sauveront. Je pense à une expression encore plus laide, « faire son deuil », qu'on nous sert aujourd'hui à toutes les sauces. Si j'en crois l'étymologie

1. Je vous renvoie à ce propos au livre de Jacques Dewitte, *Le Pouvoir de la langue et la liberté de l'esprit. Essai sur la résistance au langage totalitaire*, Michalon, 2007.

latine du mot – deuil : *dolium* –, on fait quelque chose, on ne fait pas une douleur ! Nos modernes lexicographes, qui ne savent rien de la vie après la mort, indiquent benoîtement : « Accepter la disparition d'un être cher. » Qu'ont-ils fait de nos souvenirs ? Les morts ne disparaissent pas.

Nous sommes loin de l'époque où Stendhal lisait tous les soirs deux pages du Code civil pour la beauté et la concision de ses articles. On ne va plus directement aux mots, on leur invente des équivalents, des boursouflures, des métastases. Molière et ses *Précieuses ridicules* n'ont rien inventé. Souvenez-vous du fauteuil de Magdelon, à la scène IX de sa comédie : « Vite, voiturez-nous ici les commodités de la conversation. » Aujourd'hui, la palme revient comme de droit à l'Administration. Un petit appartement devient un « local de surface modeste ». On empile, on ne copie pas ; on ne prévient pas, on notifie ; on ne reçoit pas, on accuse réception. Tout est « pôle » ou « cité » ou « zone » ou « centre », ou « espace », tout est « inclusif » et tout est « sécurisé » : « espace santé », « espace attente », « espace loisirs » et même « espace poussette » pour les mères abusives, comme si l'Administration éprouvait le besoin de nous montrer le firmament pour mieux nous enfermer. Il n'est même pas nécessaire de forcer le trait et d'aller aux « perles », du genre de celle qui transforme un ballon de rugby en « référentiel bondissant à trajectoire aléatoire ». Ne riez pas, il existe des quantités de guides et de lexiques à l'intention des pauvres usagers.

Tout cela n'est pas nouveau. Les passages de générations tout comme les crises politiques amènent leurs lots de mots. Rivarol, encore lui, se moquait de la logorrhée révolutionnaire quelque part entre les larmes et la violence compassionnelle. Après la révolution de 1830, la maîtresse et nièce de Talleyrand, Dorothée de Dino, ne comprenait rien au langage des nouveaux petits maîtres de la politique et du pouvoir, « d'une suffisance, d'un tranchant, d'une pédanterie inouïe, avec des façons de parler incompréhensibles ». Et de citer certaines expressions nouvelles comme le « grand frottement d'individualités » de tel ministre dont on vantait la parfaite connaissance des hommes[1] !

Nous sommes de notre âge, de nos mots et de notre langue. Si j'en crois ma fille qui en sait plus que moi sur le sujet, il existe un lien souterrain du côté des jeunes internautes et des adeptes de jeux vidéo entre le recours systématique à l'anglais et les rapports que ceux-ci entretiennent avec le temps. Comme si l'anglais s'adaptait mieux à la dictature de l'instant, à la vitesse et à l'urgence dont nous sommes devenus les esclaves. Voici venue l'époque des acronymes et du verlan à la mode anglaise, des « asap » (*as soon as possible*), des « deuspi » – « on est en deuspi » (du mot *speed* – vite, pressé).

Je ne parle même pas de l'épidémie des « en » et des « sur » – « Je suis en plateau », « Je suis en clientèle », « Je monte sur Paris » –, autant de pronoms et de prépositions qui me font terriblement penser à la béquille de l'unijambiste. Et lorsque l'on me demande d'être à un rendez-vous « en présentiel » j'ai furieusement envie d'avoir la grippe.

1. *Souvenirs du baron de Barante*, V, lettre de la duchesse de Dino à Barante, Londres, 3 août 1833, p. 66-67.

Les mots sont à une langue ce que la société est à ses équilibres et à sa bonne santé. L'actuelle tendance au repli communautaire perturbe profondément le langage. J'assistais récemment à des entretiens parisiens très haut de gamme qui rassemblent chaque année les grands patrons du CAC 40 et je n'en croyais pas mes oreilles. Il n'était question que de « management bienveillant », de « modèle collaboratif », de « coopération inclusive », de « marginal sécant ». Il faut sortir de sa « bulle de confort », disait l'un, lutter contre « l'entre-soi », répondait un autre. Ils y étaient, précisément, entre eux, et ils ne le savaient pas. On oublie les mots, on se cache derrière eux, on les invente pour mieux exister, pour se donner une légitimité. Vous sortez de là et vous n'avez qu'une envie. Lire de la poésie.

14.

Un inconnu entre dans l'Histoire

J'étais à Versailles pour y signer mes livres. Ce sont des moments assez rares où l'on rencontre ses lecteurs après des mois de solitude, de ceux que Julien Gracq – dans *La Littérature à l'estomac* – voulait non sans humour convoquer à l'improviste un mercredi matin place de la Concorde pour en savoir le nombre ! Certains me sont devenus presque familiers, d'autres me rassurent ou me consolent, d'autres enfin viennent, un paquet d'archives sous le bras, comme l'on demanderait à un expert en peinture de vérifier l'authenticité d'un tableau. La plupart du temps, l'historien court après ses sources. Quelquefois, elles lui arrivent toutes ficelées, telle la montagne à Mahomet.

Ce jour-là, on m'apporterait le manuscrit complet et inédit d'un inconnu, un certain Hippolyte de Chamisso, un ancien premier page de Louis XVI dont je n'avais jamais entendu parler. On croit tout savoir des périodes sur lesquelles on travaille et l'on fait chaque jour de nouvelles découvertes. Je sais bien que le traumatisme de la

Révolution a fait beaucoup écrire, surtout du côté des victimes. On voulait se rassurer, comprendre quelque chose d'un événement qui, pour beaucoup, restait inexplicable, se consoler aussi de ses malheurs. Ces souvenirs si nombreux, oubliés depuis deux siècles dans les greniers de famille et qui n'étaient pas destinés à la publication, sont comme une vaste thérapie, un baume sur une plaie encore vive, le besoin de se redonner une dignité aux yeux de la postérité, le désir aussi de transmettre à ses enfants le récit inouï d'une vie d'exil et d'aventures qui aurait été banale sans la Révolution.

Avant d'ouvrir un manuscrit, j'essaie toujours d'en savoir un peu plus sur son auteur. Je ne sais pas si cela vous est déjà arrivé à la lecture d'un livre, mais ceux-ci agissent parfois comme des aimants ou des miroirs qui réfléchissent des pans entiers de votre propre vie. Chamisso est né vingt ans avant la Révolution. Il est issu, comme ma mère, d'une vieille famille de la noblesse Lorraine installée au pied des monts d'Argonne tout près de Valmy. La Lorraine n'aurait pas suffi à nous rapprocher s'il n'y avait eu mille détails qui touchent comme par enchantement à ma propre vie. L'une de mes plus anciennes amies porte le même nom que celui de l'un des villages possédés par sa famille sous l'Ancien Régime, Sivry. Et puis Chamisso croise comme par miracle plusieurs de mes ancêtres, et puis son frère cadet Adalbert qui finira par devenir l'un des plus grands poètes romantiques de langue allemande du XIXe siècle séjourne sous l'Empire chez Germaine de Staël dont je rêve depuis des années d'écrire la vie. Et puis, et puis… Autant d'invitations à le lire.

On sort souvent déçu de ce genre d'expérience née d'une rencontre de hasard. Là, je tombais sur une pépite. Un inconnu ne sort pas de l'anonymat par le seul fait d'avoir laissé ses souvenirs mais parce qu'il nous en dit tout à coup plus et mieux que d'autres de l'esprit d'une époque, de ses péripéties, de ses protagonistes : les vaincus de l'histoire d'abord, à commencer par Louis XVI que Chamisso côtoie presque chaque jour par ses fonctions à Versailles puis aux Tuileries entre 1789 et 1791, et qu'il nous montre comme personne enfermé dans sa tragédie, en nageur qui depuis longtemps aurait perdu pied. Ces mots du roi par exemple, en février 1791, alors que ses derniers partisans venaient d'être désarmés et humiliés dans les appartements mêmes des Tuileries par la garde nationale de La Fayette, sous le prétexte d'une hypothétique conspiration des « chevaliers du poignard ». « Je vous ai plaint, Chamisso, mais je suis bien à plaindre aussi. » L'émigration ensuite que Chamisso rallie à Trèves puis à Coblence, assise sur ses anciens droits et sûre de ses succès de reconquête du royaume. Tous ces Français « oublieux et légers », braves mais querelleurs et brouillons, incapables de rien comprendre à ce qui leur arrive. L'errance enfin, de La Haye et de Berlin à Saint-Pétersbourg où il rencontre Élisabeth Vigée-Le Brun et survit grâce à ses talents de miniaturiste tandis qu'en France les biens de ses parents sont saisis et leur château rasé.

Son charme est dans ce qu'il dit de ceux qu'il rencontre, des mœurs hollandaises, allemandes et russes de la noblesse et du peuple, de leurs vies quotidiennes et de leurs façons d'être. Avec lui, le diable est toujours dans les détails. Les chapitres consacrés à la Russie des années 1798-1800 sont parmi les plus surprenants. On assiste successivement à une fête de campagne chez le comte Cheremetiev, aux soirées pétersbourgeoises des princes Galitzine, des Potocki, des Narychkine, à un mariage chez un riche marchand de Moscou, à des courses de traîneau, aux bains de vapeur et aux fêtes de la bénédiction de l'eau en hiver sur la Neva, à celles de Pâques, à un voyage en « Kibic » jusqu'à la foire de Nijni Novgorod. Chamisso est curieux de tout, il note tout, il voit tout. « Je jouis de tout comme un véritable enfant », laisse-t-il échapper alors qu'il séjourne en juin 1799 dans l'une des opulentes maisons de campagne d'un prince russe. Il ne nous laisse rien ignorer des coutumes encore très orientales de certaines familles moscovites, de l'état du servage, des popes et du clergé, de la table des rangs, du fonctionnement de la justice, de la cuisine, des alcools, des domestiques, des paysans courbés en deux devant leur seigneur. On se croirait parfois transporté en pleine Russie du règne de Pierre le Grand. On a là des détails que je n'ai lus nulle part ailleurs. Une mine d'informations et un étonnant voyage, quelque part entre l'ancienne Moscovie des voyageurs du XVIe siècle et le Pays des merveilles de Lewis Carroll.

Ce n'est pas tout. En nous racontant la Lorraine des dernières années de la monarchie, l'École des pages, Versailles et sa cour, la Révolution, l'émigration militaire et l'Europe des toutes dernières années du XVIIIe siècle, Chamisso se raconte lui-même. Il appartient à cette toute nouvelle génération qui se regarde dans un miroir, se tâte le pouls, intériorise ses moindres sentiments. Ses souvenirs écrits « par plaisir » pour ses enfants, sans intention de les publier, commencés sous le Consulat et achevés sous la monarchie de Juillet, tournent à l'autobiographie dans le droit-fil des *Confessions* de Rousseau. « Je raconterai ce que j'ai vu, ce que j'ai fait, et autant que possible, ce que j'ai pensé, senti. Je veux épancher ici mon âme et me montrer à moi-même [...]. » Et un peu plus loin : « C'est ma propre histoire que je vais continuer ; celle de mes sensations plus que des faits qui les ont produites. »

On découvre alors un jeune homme sentimental et sensible, fidèle à ses anciens rois, chrétien, volontiers élégiaque, parfois fataliste, profondément humaniste, décrivant en peintre les paysages et les villes qu'il traverse, se servant du moindre prétexte de ses miniatures pour brosser le portrait psychologique et moral de ses modèles, souvent célèbres. Il ne se contente pas de peindre, il chante des romances dans les salons de la noblesse allemande et russe, joue la comédie, danse, assiste aux fêtes de cour et de campagne. Il plaît, il s'attache, on le trouve attachant, surtout les femmes. Cela ira à Moscou jusqu'à un projet de mariage avec une belle Alexandrine Plechtcheïev, brutalement interrompu par ses errances et par l'obligation qu'il s'est donnée d'exercer son métier de portraitiste à travers toute l'Europe pour nourrir sa famille. Jusqu'à noter quelque part, non sans nostalgie, « l'étrange destinée du voyageur » : « Il sème partout des affections, laisse des souvenirs, emporte des regrets. » Chamisso ne se l'avoue jamais, mais ce qu'il dit de son émigration jusqu'à son retour en France en 1802 à la faveur des lois d'amnistie de Bonaparte, de ses états d'âme et de son déclassement n'aurait pu être raconté par nul autre qu'un exilé. Son histoire est à l'image de celle de tous les déplacés d'hier et d'aujourd'hui, si nombreux qu'ils finiront, comme le Juif errant des contes et des légendes, par marquer le monde entier de leur infortune.

Par la grâce de son écriture, par la richesse de son récit, par la délicatesse de ses sentiments, un jeune homme inconnu de l'Histoire trouve ici la chance d'une deuxième vie.

Je suis sûr que je ne serai pas le seul à m'en réjouir. Les désirs de traces et de voix sont, dans le silence du passé, les plus beaux songes de l'historien.

15.

Le retour des empires

Nous entrerons dans la carrière
quand nos aînés n'y seront plus
Nous y trouverons leur poussière
et la trace de leurs vertus

Pour des raisons qui m'échappent, le fameux septième couplet de Rouget de L'Isle, dit le « couplet des enfants », de ce qui deviendra *La Marseillaise* n'est plus chanté aujourd'hui. C'est un tort. Les générations se succèdent avec leurs héritages et les ruptures que l'on sait. Les empires sont à cette image. De ce point de vue, nous n'entrons pas dans la carrière, mais nous continuons un monde très ancien.

La révolution bolchevique de 1917 avait eu ce mérite, si l'on peut dire, de diviser le monde en deux camps, celui des démocraties libérales et capitalistes d'un côté, celui du communisme de l'autre. L'idéologie façonnait les conflits : l'Otan et le pacte de Varsovie, le rêve américain et les prolétaires de tous les pays, Ridgway et Mao. Le mur de Berlin est tombé en 1989 et avec lui la guerre froide entre les deux blocs. Si les intérêts à l'œuvre à l'époque du communisme n'ont pas changé de nature, ils ont changé de position. Le monde s'est complexifié. Que la Chine soit entrée en 2001 dans l'Organisation mondiale du commerce, que le capitalisme soit désormais partout n'a rien simplifié.

Comme nous ne nous souvenons plus de notre histoire et que nous avons besoin de nous rassurer, nous voulons à toute force que notre planète d'aujourd'hui soit à nouveau coupée en deux, d'un côté les démocraties – les États-Unis, le Japon et la vieille Europe, etc. –, de l'autre les régimes autoritaires sinon autocratiques : la Chine et la Russie, la Turquie et l'Iran, l'Inde, certains pays d'Afrique, certains autres d'Amérique latine selon l'humeur des populations ou la chance des coups d'État.

Nos différends, et jusqu'à nos guerres contemporaines, seraient celles de la liberté contre la servitude, de l'individu contre des masses dirigées et surveillées. On a trop souvent mis un faux nez à la vertu ! Dans une lettre de 1836 à son fils Charles de Flahaut, Talleyrand, toujours fine mouche, voyait déjà la politique comme la manifestation permanente d'un écart entre les mots et les intentions. « On veut toujours, et l'histoire prouve la vérité de ce mot toujours, autre chose que ce que l'on demande. Signaler cette autre chose, quelle qu'elle soit, est qualifié de calomnie odieuse ; et cependant cette autre chose est réelle ; la Ligue, la Fronde avaient un langage qui éblouissait les hommes éclairés tout comme les hommes vulgaires. La Ligue parlait de maintenir la religion catholique, et ce qu'elle voulait, c'était la Maison de Lorraine au lieu de la Maison de Bourbon ; la Fronde disait éloigner du pouvoir Mazarin, non pas, comme on le disait, pour sauver la dignité de la France, mais pour mettre les ambitions personnelles des princes et des gentilshommes à leur aise, et cela s'appelait comme de raison le bien de l'État. Je ne parle là que de l'histoire moderne. »

« Pourvu qu'ils paraissent ce qu'ils ne sont pas, ils sont contents[1] », disait encore Rivarol à propos des hommes de pouvoir. Talleyrand s'arrête à la Fronde, il aurait pu évoquer la suite. On se battait, sous la Révolution et sous l'Empire, contre les vieilles monarchies européennes, au nom du droit des peuples à disposer d'eux-mêmes, et en réalité on en était resté aux vieilles rivalités territoriales, maritimes et commerciales d'Ancien Régime, sous couvert de principes nouveaux. Je ne suis pas sûr que les peuples rhénans, prussiens et espagnols aient vécu l'occupation des armées napoléoniennes comme une libération. Ce qui était en jeu, c'étaient des intérêts : la domination des mers et la rive gauche du Rhin, la Pologne, les bouches de l'Escaut, Malte et les îles Ioniennes. Au congrès de Vienne, Talleyrand, encore lui, avait compris bien des choses lorsqu'il opposait au nom de la France le « droit public » et les traités – ce que nous appelons aujourd'hui le droit international – aux « convenances ». Il voyait l'Europe comme une sorte de champ clos où s'affrontaient cinq puissances devenues dominantes : l'Angleterre, la France, la Prusse, l'Autriche et la Russie. Chacune d'elles cherche à agrandir sa zone d'influence,

1. Rivarol, *Pensées et Rivaroliana*, Éd. Vagabonde, 2024, p. 61.

en Europe d'abord et bientôt dans le monde entier, par les colonies ; les unes et les autres s'allient, se séparent ou se battent selon les avantages qu'elles peuvent en tirer.

Nous en sommes à nouveau là aujourd'hui, mais cette fois à l'échelle du monde, en une sorte de grand jeu multipolaire où les convenances, l'esprit de revanche, les intérêts, les héritages de civilisation et de religion, les nécessités de défense sont autant de prétextes à la conquête et à l'affrontement des empires : Chypre, la Géorgie, le Yémen, l'Himalaya, l'Alaska, Panama, Taïwan et la mer de Chine, l'Ukraine, la Palestine et j'en passe. La chute du mur de Berlin a mis plus de désordre encore dans les prétentions. Nous n'avions qu'un seul ennemi, et c'était bien commode, nous en avons désormais plusieurs. Il n'est plus question de blocs, mais d'empires et de nouveaux « glacis ». La géopolitique est à l'image du caméléon. Elle change constamment de couleur. On parlait dans les années 1950 des « non-alignés » à propos des pays qui refusaient toute allégeance à l'un ou à l'autre des deux blocs, on a trouvé récemment un autre mot pour désigner la mondialisation des prétentions et la multiplication des alliances au gré des intérêts des uns et des autres : le « Sud global ». Qu'on se batte directement entre grandes puissances, ou par délégation, ce sont les mêmes ambitions qui travaillent, quelle que soit la nature des régimes qui s'affrontent. Les vieilles utopies coloniales elles-mêmes ne sont pas mortes.

Certes, la domination ne s'exerce plus au nom d'une prétendue prétention de civilisation, mais plus que jamais par le chantage financier et par la dépendance économique, quand ce n'est pas par les armes. Et ce ne sont plus tout à fait les mêmes qui en profitent. La défensive est passée du côté des démocraties européennes, l'offensive, de celui des autocraties et sans surprise, des États-Unis de Trump en souvenir de la vieille doctrine isolationniste du président James Monroe, au début du XIXe siècle. Les périodes de crise ou de guerre, notait Raymond Aron, coïncident souvent avec une remise en cause du principe de légitimité[1]. Au fond, c'est de cela dont il s'agit aujourd'hui. Talleyrand a presque toujours raison. Quelle légitimité voulons-nous transmettre, celle du droit, y compris ceux de la nature, ou celle de l'*hubris* ?

Il est temps d'y penser alors qu'une bonne partie de notre planète est en voie de gangstérisation et que les rois de la tech se jouent à qui mieux mieux de la raison et des nations. Des États dans l'État. Les voilà les nouveaux empires. À l'instar des Compagnies anglaises et françaises des Indes Orientales, au XVIIIe siècle, ceux-là aussi sont d'Ancien Régime !

1. Raymond Aron, *Paix et guerre entre les nations*, 1962.

16.

Paris mystérieux

Il est de bon ton de se plaindre de Paris. Les sujets de mécontentement ne manquent pas, comme s'en était déjà amusé le polémiste Henri Rochefort en lançant son journal satirique *La Lanterne*, à la fin du Second Empire[1]. Les loyers sont trop chers, les hôtels à moitié vides, les impôts s'envolent, la délinquance ne fait qu'augmenter, on circule de plus en plus mal à force de pistes cyclables et de rues interdites. Pendant les jeux Olympiques, alors que les rues des bords de Seine étaient grillagées, certains habitants s'étaient même crus transportés dans un zoo. Un zoo balayé et propre, certes, mais qui s'en serait bien vite retourné à sa saleté ordinaire.

Au dire de certains, on se promène à nouveau dans Paris comme on entrerait dans une décharge, d'un tas d'immondices à l'autre. À tel point que l'expression

1. « La France, dit l'Almanach impérial, contient trente-six millions de sujets, sans compter les sujets de mécontentement », *La Lanterne*, 1er juin 1868.

« sale comme Paris » est devenue courante. La presse s'en donne à cœur joie et sur les réseaux le hashtag #saccageparis compte de plus en plus d'adeptes, de plus en plus furieux. Tout y passe, les chaussées défoncées, les poubelles mal ramassées, les tags sauvages, les chantiers de voirie abandonnés à leurs sinistres palissades grises, les rues enlaidies, hérissées de plots en plastique jaunes à l'usage des deux-roues. Qu'importe si cela fleure bon les campagnes électorales à venir et au bout du bout la politique et les règlements de comptes.

Certes, nous aimerions tous que nos modernes aménageurs fassent preuve d'un peu plus de goût et d'imagination, mais relisez les *Lettres persanes* ou les *Mystères* d'Eugène Sue, ou *Les Misérables* d'Hugo avec leurs bas-fonds et leurs odeurs pestilentielles. Les rats de l'éléphant de la Bastille, les égouts putrides du faubourg Saint-Marcel, rien n'y manque, à cette nuance près qu'on n'avait pas encore transformé les rats en surmulots pour les rendre aimables. Cette ville-là n'a pas attendu Mme Hidalgo pour être sale. Cela ne l'excuse en rien, mais nous oblige à nous regarder en face. Peut-être ne voyons-nous plus dans les rues de Paris que ses poubelles parce que nous ne savons pas y rêver, ni nous y perdre et encore moins y flâner. Nous sommes trop pressés. On voudrait, à Paris, se souvenir quelquefois des « Conseils au voyageur imprudent » délivrés par François Caradec au début de son *Guide du Paris mystérieux*, ce petit livre étrange publié chez Tchou en 1966. « Paris est une toile aux mailles si serrées que le diable jamais ne put se vanter de passer au travers. »

Levez les yeux de vos portables et vous verrez comme cette ville est étrange et belle. Il faut pour l'aimer être un peu archéologue, un peu historien et un peu poète. Je me promène dans Paris comme je me perdrais dans les pages d'un livre. J'y croise des fantômes, j'y entends des voix. Celle d'*Aurélia* et de Nerval, ce « plongeur de l'océan parisien » qui a fait de la ville le décor de sa folie. Je l'imagine, tout juste sorti de la clinique du docteur Blanche, traînant dans les jardins du Palais-Royal un homard vivant au bout d'un ruban bleu, avant d'aller se pendre rue de la Vieille-Lanterne. Celle d'Apollinaire qui, rue Berton, comptait les graffitis, les réverbères, les christs et les gazomètres. Celles de Léautaud, rue du Cherche-Midi, et de tant d'autres. « Je passais presque toute la nuit, arpentant le boulevard Saint-Germain, avec Alfred Jarry, et nous nous entretenions de blasons, d'hérésies, de versification. » Celle de Breton à la recherche de Nadja, notant « l'image hallucinatoire » des mots « Bois et charbon », inscrits à la devanture des cafés, retenant tout en somnambule : les boutiques et les enseignes lumineuses, jusqu'au point de fulgurance : « C'est là que cela se passera. »

« Paris est une histoire de puits perdus », disait Victor Hugo. C'est une ville de signes et de rébus que chacun déchiffre à sa façon. Je ne peux passer rue Montorgueil devant le Rocher de Cancale sans penser à Balzac, à Coralie, à Lucien de Rubempré et aux *Illusions perdues*. Et dans le jardin de Saint-Julien-le-Pauvre, sans revoir Tzara et Soupault qui s'y firent photographier à l'occasion de l'une de leurs premières manifestations dadaïstes en 1921.

« Les dadaïstes de passage à Paris, voulant remédier à l'incompétence des guides et cicérones suspects, ont décidé d'entreprendre une série de visites à des endroits choisis, en particulier ceux qui n'ont vraiment pas de raison d'exister. »

Qui n'a pas dans Paris ses lieux magiques ? À chacun ses pèlerinages. Les miens n'ont de réalité que des songes. La tombe de Stendhal, rue Camille-Tahan, celle de Breton au cimetière des Batignolles – « Je cherche l'or du temps » – et, 7 rue du Faubourg-Montmartre, tout près de Notre-Dame-de-Lorette, la plaque en marbre noir qui jusqu'en 2013 signalait la fin aux allures de sortilège du poète Isidore Ducasse, *alias* Lautréamont. Il était mort là en plein siège, le 4 novembre 1870, à 24 ans, loin de Montevideo où il était né, après avoir écrit ses *Chants de Maldoror*. On y avait repris un passage de son testament placardé à l'entrée de son appartement :

Qui ouvre la porte de ma chambre funéraire ?
J'avais dit que personne n'entrât
Qui que vous soyez, éloignez-vous.

La plaque a disparu à la demande des copropriétaires de l'immeuble. Ils devaient penser qu'elle risquait de faire baisser les prix du mètre carré ! De sa mort il ne reste plus que la brève mention de l'acte d'état civil qui la constate : « Décédé […] sans autres renseignements. » À Paris, la poésie est partout là où on ne l'attend pas. Ses rues et ses passages ne sont heureux que par elle. On y suit à la trace les quatre points cardinaux de ses rêves de gloire et de conquête. On saute à pieds joints dans le passé. Nous voilà au siècle des Lumières dans les jardins du Palais-Royal, nous voilà en Orient devant un temple de l'Égypte. Que nous racontent les hiéroglyphes sculptés en frise soutenus par d'immenses masques à l'effigie de la déesse de l'amour Hathor, sur une façade de la place du Caire ? Peut-être sont-ils les figures devineresses de l'avenir ? Une prophétie qui nous en dirait le secret. Je me souviens d'une balade nocturne au jardin des Plantes. J'y avais vu, rue Buffon, des crânes de dinosaures surgir tels des spectres dans la lumière blafarde d'une ampoule électrique, derrière les fenêtres hautes de la Galerie de paléontologie. Et je ne peux me promener rue de l'École-de-Médecine sans un regard pour son amphithéâtre d'anatomie dont le plan en coupe ressemble à un labyrinthe, comme celui du corps humain.

L'histoire de Paris, partout visible dans ses splendeurs et dans ses plaies, est à l'image de ces dessins à transformations de mon enfance. On y cherche la figure qui s'y cache. Personne ne vous la montrera.

17.

La reine est morte, vive le roi !

Vu des falaises d'Étretat, le tremblement de terre provoqué en Angleterre par la mort d'Élisabeth II nous a paru singulièrement étrange, sinon anachronique, et nous a fait sourire. Nous nous en sommes peut-être d'autant plus étonnés que les Anglais sont, comme nous, un peuple régicide. Après tout, ils n'ont pas hésité à décapiter l'un de leurs rois, Charles Ier, le 30 janvier 1649. À quelques jours près, nous aurions pu avoir la même date anniversaire, et pourtant, là-bas, tout s'est passé différemment. Certes, Oliver Cromwell proclame la république dont il devient le lord protecteur quatre ans plus tard, mais ce n'est pas tout à fait la même que la nôtre, à tel point d'ailleurs que la leur ne durera qu'une grosse dizaine d'années, jusqu'en 1661, date à laquelle Charles II rentre à Londres et se fait couronner. Cela ne s'explique pas seulement par la forme absolutiste du régime imposé par Cromwell, mais parce que, à la différence de ce qui s'est passé en France entre 1789 et 1793, et si l'on s'en tient à la théorie du double corps du roi

– le corps matériel et le corps spirituel – avancée par Ernst Kantorowicz, les Anglais ne se sont débarrassés que de la personne physique de leur roi, pas du principe monarchique dans son essence. Celui-ci ne s'est jamais éteint, jusqu'à ce que Charles III succède naturellement à sa mère Élisabeth II un certain jour de septembre 2022. Le mort saisit le vif. « La reine est morte, vive le roi. »

Cromwell maintient le christianisme et les principes d'indépendance de l'Église d'Angleterre. Il ne décapite pas le droit divin comme le fera la Convention le 21 janvier 1793. La personne du monarque continue d'incarner l'unité spirituelle de la Grande-Bretagne, à quelques massacres près en Irlande et en Écosse. En France, dès le mois de juin 1789, les députés du tiers état, en se constituant en Assemblée nationale, séparent le roi de la nation et lui enlèvent toute légitimité. Ce sont eux qui représentent désormais la nation indivisible et par la suite les principes qui la fondent. En Angleterre, « Dieu sauve le roi », en France la sainte trilogie laïque de la Liberté, de l'Égalité et de la Fraternité continue aujourd'hui encore de légitimer la République. En faisant passer le principe d'incarnation du ciel à la terre et aux lois, jusqu'à la nation, puis jusqu'au peuple, les conventionnels se sont donné un horizon politique indissociable de leurs représentations du pouvoir comme de sa symbolique, jusqu'à inventer une sorte de sacralité républicaine fragilisée d'autant par les aléas des luttes de partis. En Angleterre, l'incarnation est restée hors de portée de la politique, séparée de la personne du Premier ministre, du bicaméralisme comme du bipartisme.

On aura beau nous prêter des nostalgies royalistes, on aura beau parler de monarchie républicaine à propos de notre Ve République, nous avons durablement perdu ce sens de la transcendance qui, dans le cadre d'une monarchie, fût-elle parlementaire, se manifeste à travers un principe tout aussi déraisonnable qu'arbitraire : le principe héréditaire. Voilà peut-être pourquoi nous avons eu des révolutions, et les Anglais des révoltes, voilà pourquoi nous n'avons pas le même sens de l'humour, voilà pourquoi nous n'avons pas les mêmes rapports au temps et à l'histoire et pourquoi les Anglais n'ont jamais voulu confondre l'État avec ses « procédures administratives », comme dirait Tocqueville, ni faire de ces dernières une fin en soi.

Nous pouvons au mieux considérer ce qui se passe en Angleterre – le cérémonial, la pompe et les carrosses – comme un conte de fées, et après tout nous avons nous aussi notre étiquette et nos ors républicains, mais nous n'y verrons jamais que des apparences. Le discours du Trône, le salut aux couleurs (*Trooping the Colour*), les jubilés, les couronnements ne servent pas seulement de décor à la monarchie, ils sont en Grande-Bretagne, quelles que soient les aspirations indépendantistes ou républicaines qui travaillent aujourd'hui l'Écosse, l'Irlande ou le Pays de Galles, constitutifs de l'identité même des Britanniques.

Je me souviendrai toujours de la nuit funèbre de Westminster, du cercueil d'Élisabeth II revêtu des couleurs du royaume aux trois léopards d'or, surmonté de la couronne fermée, gardé par les *Blues and Royals* et par deux *Life Guards* en tunique rouge, hiératiques, la tête baissée sous le panache blanc de leur casque, comme d'un moment suspendu dans le silence des siècles.

Il faut quelquefois regarder du côté des rêves pour comprendre ce qui fait une nation. Les nôtres sont toujours à portée de luttes et d'horizon. Ceux des Anglais sont ailleurs, dans un principe qui les unit et les dépasse tout à la fois. Le grand large peut-être ? Et pourtant, les plus pragmatiques ne sont pas forcément ceux que l'on croit. Certes, nos amis d'outre-Manche sont aussi excentriques que les personnages d'un roman de Chesterton[1]. Ils ont inventé les règles du cricket pour que nous ne puissions rien y comprendre. Ils ont le sens de l'« Umour », comme dirait Jacques Vaché. Ils aiment le porto et les fauteuils chesterfield. Ils sont *comfortable*. Mais lorsqu'il est question de leurs intérêts !

Si Shakespeare leur a donné le mot *fair-play*, c'est à leur usage, pourvu qu'ils gagnent la partie. Lorsqu'à Fachoda, sur le Nil, le capitaine Marchand se drape dans l'honneur français, le général Kitchener, imperturbable, lui montre ses canonnières. « Est-ce qu'on n'a jamais fait faire à l'Angleterre quelque chose par complaisance ? » se demandait Talleyrand à son arrivée à Londres en 1830[2]. Kipling a peut-être le dernier mot : « Mais les Anglais – ah ! les Anglais – c'est une race tout à fait à part. »

---

1. Je pense au *Poète et les lunatiques*, Paris, Gallimard, 1934.
2. Lettre à Charles de Flahaut, 11 février 1831.

18.

Il faut sauver Odessa !

La guerre est au silence des morts ce que le vacarme est aux vivants. Si l'humanité n'était faite que de poètes, il n'y en aurait pas. Maurice Genevoix le savait bien qui a laissé de la sienne le plus poignant des récits. « Pitié pour nos soldats qui sont morts ! Pitié pour nous vivants qui étions auprès d'eux[1]. » Il y a « des » guerres et il y a « nos » guerres. Celle qui fait rage à nos portes, en Ukraine, n'est pas seulement dangereuse et cruelle, elle risque d'être longue. Mais elle n'est pas une surprise. L'empire des Tsars, puis des Soviets, dérive depuis des siècles vers l'ouest et vers le sud. Les débouchés de la mer Noire et de la Méditerranée, par les détroits – quand la Baltique est sous les glaces –, sont essentiels à ceux qui gouvernent ce que Talleyrand, méfiant, appelait déjà à la fin du XVIIIe siècle « une montagne de neige ». Catherine II le savait bien qui fera la guerre aux Ottomans et mettra la

1. Maurice Genevoix, *Ceux de 14*, publié intégralement pour la première fois en 1949.

main sur la Crimée en 1783 et Staline aussi qui la videra de ses derniers Tatars. Sait-on encore que l'amant de la célèbre tsarine et chef de guerre Potemkine avait été fait prince de Tauride, du nom grec de l'ancienne Crimée ? J'avais un oncle russe qui se promenait autrefois à cheval dans les monts Tauriques, d'un caravansérail à l'autre, entre deux derviches tourneurs. Et le prince de Ligne y rêvait du haut du rocher que Catherine II lui avait donné sur les bords de la mer Noire, près de Parthenizza, là « où finit l'Europe et où commence l'Asie ».

Odessa existait à peine alors. Sa fondation officielle, par ukase, date du 27 mai 1795. Malgré les avantages de sa rade en eau profonde, on n'y trouvait dix ans plus tard qu'une ébauche de port, et à peine un village. C'était un bourbier peuplé de 2 000 habitants. Tout commence en 1803 et tout commence par un Français. Il était noble et duc et portait un nom célèbre : Richelieu. L'arrière-petit-neveu du cardinal, Armand-Emmanuel de Vignerot du Plessis de Richelieu, chassé par la Révolution, s'ennuyait en émigration. Il s'était battu contre les Turcs sur le Danube pour le compte des tsars puis l'un d'entre eux – Alexandre Ier – lui avait demandé de s'occuper de ses déserts. Il l'avait d'abord nommé gouverneur d'Odessa puis gouverneur de ce qui s'appelait alors la « Nouvelle Russie », un territoire immense entre le Dniestr et le Kouban, de l'autre côté de la mer d'Azov, près des quatre cinquièmes de la surface de la France, une grande partie de l'Ukraine actuelle. Richelieu est un bâtisseur, un Robinson des temps modernes pour qui les déserts, les montagnes et les marais ne peuvent rester longtemps sauvages. Il va faire d'Odessa en un peu plus de dix ans, un port et une ville prospères, peuplé de plus de 30 000 habitants.

Notre Français n'arrive pas seul mais avec une poignée de compatriotes : des militaires, des architectes, des commerçants, des ingénieurs et des savants. La ville est à l'image d'un Ancien Régime qui n'existait déjà plus, une ville des Lumières, classique, construite sur un plan à la romaine ou les rues se croisent à angle droit. « Des rues, des boulevards en damiers, larges, propres, plantés d'acacias », dira plus tard un voyageur français. Une ville magnifique, unique, où les plus beaux monuments, la Bourse, le théâtre, l'hôpital militaire, ont été construits par des architectes français, Schaal et Jean-François Thomas de Thomon, un élève de Nicolas Ledoux. On y trouvait un lycée, le seul en Russie à l'époque avec celui de Tsarskoïe Selo, dirigé par un futur recteur de l'académie de Paris, l'abbé Charles Nicolle, une cathédrale orthodoxe, une église catholique, une église grecque et plusieurs synagogues qui disaient assez l'extraordinaire esprit de tolérance qui régnait là. La population était à cette image, venue des quatre coins de la Méditerranée, « levantine » comme on l'appelait alors, grecque, bulgare, tatare, cosaque, turque, juive, chypriote, provençale. Un étonnant *melting-pot* avant la lettre, une ville d'aventuriers, de commerçants et de savants, unique en son genre, restée longtemps rebelle au pouvoir central de Saint-Pétersbourg puis de Moscou. C'est là qu'Eisenstein tourne en 1925 son célèbre *Cuirassé Potemkine* en mémoire des marins révoltés de 1905. Vous vous souvenez de la scène des escaliers, la charge des cosaques, le feu nourri des soldats tsaristes, les morts et le landau abandonné dégringolant d'une marche à l'autre, image vivante d'une jeunesse sacrifiée. Richelieu n'aurait pas aimé cela, et pas plus les pogroms conduits dans les années 1880 contre les juifs, sous le règne d'Alexandre III.

Sa statue à la romaine, en toge et couronne civique, domine encore la mer et l'horizon. Un ami m'en a envoyé récemment une photo. Elle est recouverte de sacs de sable en prévision des canons russes ! Pauvre Richelieu qui ne pensait qu'au bonheur et à l'éducation des hommes, en Russie comme en France où il deviendra le principal et très modéré ministre du roi Louis XVIII. Il en est qui inventent et construisent, d'autres qui détruisent. Personne n'a envie que les Russes de Poutine bombardent Odessa. Richelieu encore moins qu'un autre.

19.

Nos morts

Nous sommes assis sur des monceaux de morts et nous nous plaignons du prix de l'éléctricité. Le bonheur de la paix est fragile. Il se fait rare. Nous sommes en démocratie comme sur l'île de Robinson. Nous n'entendons du bruit des guerres que le clapot de la mer venue mourir sur nos plages. « De la mer, il aime le ressac, sa manière obstinée de défiler contre la roche ou sur le sable lorsque toute parole lui demeure interdite[1]. » Et pourtant les marées se succèdent, de plus en plus meurtrières. Le niveau de l'eau monte et nous ne le voyons pas. Nous ne sommes pas seulement en exil du climat ou de nous-mêmes, ou des autres, nous le sommes de la mort dont nous n'osons plus prononcer le nom, de tous les morts. Ceux des Ouïghours et de la Chine, ceux des Kurdes et de la Syrie, ceux de l'Ukraine et d'Arménie, ceux d'Israël et de Gaza. Nous y pensons par défaut et puis nous oublions, comme Dutronc dans sa chanson : « Sept cent

1. Jean-Michel Maulpoix, *Portraits d'un éphémère*, Gallimard, 1990.

millions de Chinois, et moi, et moi, et moi [...] J'y pense et puis j'oublie... » Les démocraties s'accordent encore avec la vie, mais pour combien de temps ?

Je lisais récemment le très beau livre de François Malye sur Smolensk[1]. Le sous-titre qu'il lui a donné dit tout : *La cité du malheur russe*. On ferme ce livre à demi effaré et l'on compte les milliers de morts de la prise de la ville par la Grande Armée en 1812, de la retraite de Russie, de la révolution d'octobre 1917, de la dékoulakisation, de la famine, des purges staliniennes, du nazisme et de la chasse aux Juifs, de l'Armée rouge et des déportations soviétiques. Peut-être serions-nous un peu moins désinvoltes si nous songions seulement à nos propres « guerres d'antan », comme dirait Apollinaire, à nos guerres civiles, à nos révolutions, et si nous nous souvenions que si l'histoire ne tousse pas deux fois de suite, elle a parfois une fâcheuse tendance à s'enrhumer.

Je ne sais pourquoi, mais le ciel d'encre de notre monde en flammes m'a fait penser ces jours-ci aux morts de 1793. J'étais allé faire un tour, un jour, à l'hôtel Drouot, suivre une vente de dessins. Il faisait beau. En remontant le boulevard Haussmann, à la hauteur de la rue d'Anjou et du square Louis-XVI, l'envie m'était venue tout à coup d'aller voir de plus près le monument qui s'y cache, à demi enfoui dans les arbres et que je n'avais pas visité depuis longtemps. De loin et lorsqu'on entre dans le square du côté du boulevard, on dirait une grosse bête couchée et à moitié endormie. On y pénètre, on monte

1. François Malye, *Smolensk. La cité du malheur russe*, Perrin, 2023.

encore quelques marches et on se retrouve dans un jardin clos et silencieux, planté de roses blanches, dont l'allée centrale conduit à une chapelle qui en occupe le fond. La dédicace placée au-dessus de la porte d'entrée le signale au visiteur et, je le savais déjà un peu, cette chapelle n'est pas tout à fait comme les autres. Louis XVIII l'avait fait construire en 1816 par l'architecte Pierre Fontaine, en souvenir de son frère aîné, le « roi martyr ». Elle a longtemps été affectée au culte. On y a célébré des messes tous les jours, pendant presque soixante ans, mais elle appartient maintenant à l'histoire. Elle est de ces rares monuments parisiens qui disent la violence des révolutions et tout autant les efforts désespérés pour l'exorciser.

C'était autrefois un terrain vague dépendant de la paroisse Sainte-Madeleine de la Ville-l'Évêque. Comme par prémonition ou par une facétie de l'histoire, on y avait déjà enterré les 133 victimes écrasées ou étouffées lors du feu d'artifice tiré le 30 mai 1770 en l'honneur du mariage du dauphin Louis et de la jeune archiduchesse d'Autriche Marie-Antoinette. Fosse après fosse, couche après couche, on y jettera pêle-mêle une bonne partie des morts de la Terreur : les Suisses de la prise des Tuileries le 10 août 1792 puis les guillotinés de la place de la Révolution. On pense surtout à Louis XVI, à Marie-Antoinette et à Madame Élisabeth dont les effigies en marbre blanc figurent dans la chapelle, mais il y en eut beaucoup d'autres. Quelque 1 340 condamnés à la guillotine entre le 26 août 1792 et le 25 mars 1794. Des aristocrates, des gens du peuple, des révolutionnaires, des financiers et des bourgeois, le général de Custine et le duc de Lauzun, Charlotte Corday et Jeanne du Barry, Olympe de Gouges et Mme Roland, Barnave, le duc d'Orléans, les 21 députés girondins de la Convention nationale, puis Danton et Camille Desmoulins, puis les hébertistes, juste avant la fermeture du cimetière en mars 1794, juste avant d'en choisir un autre, à Picpus.

À chacun ses fosses communes. Nous avons les nôtres. Et elles sont nombreuses : celles du Champ-des-Martyrs de Vendéens d'Avrillé près d'Angers, des mitraillés de la plaine des Brotteaux à Lyon, des guillotinés de la Terreur à Orange, des Fédérés de Satory et du Père-Lachaise, des résistants du Vercors tués par la Milice à Vassieux… comme une longue trace de sang. C'est en y pensant de temps en temps que nous éviterons peut-être d'avoir à en creuser d'autres.

20.

Les chaussures

Il y a de la désinvolture dans la façon dont j'entretiens mes chaussures : cirage approximatif et irrégulier, lacets usés, cassés ou rafistolés dont un bout toujours plus long que l'autre traîne lamentablement. Je les mets aussi vite que Gotainer ses babouches, dans *Polochon blues*, et je n'en change qu'à la dernière extrémité. Tant pis si elles doivent être hors d'usage avant qu'elles ne prennent la forme de mes pieds. Je n'en ai que rarement acheté. Lorsqu'il m'arrive d'en avoir deux paires, je ne porte pas la bonne couleur au bon moment : les noires dans la journée, les brunes le soir. On m'en donne et on le regrette, quand on m'en prête, on refuse de les reprendre. Ces inattentions-là s'accordent mal à ce qui va suivre. Je n'y connais rien. J'ai beaucoup appris de ma femme qui a chassé les fantômes de ses placards pour y mettre ses souliers. Et puis, les chaussures habitent les spots publicitaires de mes années 1980. « Paraboot, la semelle qui n'use que la route », et la dinguerie des petits films produits par Éram. Souvenez-vous des cohortes de gangsters, de cow-boys, de Chinoises à col Mao, de Marines en bob blanc, de Lapones en cache-oreilles roses et même de sosies de la reine d'Angleterre, qui défilaient en file indienne sur des airs déjantés en affichant les prix imbattables de leur marque. « Éram, il faudrait être fou (ou folle) pour dépenser plus ! » Et le prince Philippe affalé dans un fauteuil : « Je suis effondré ! »

« Pourquoi une chaussure noire ? » demande Blier consterné dans *Le Grand Blond* d'Yves Robert. C'était avant l'époque des Converse ou des Nike du 9-3, avant celle des sneakers J. M. Weston portées en costumes trois pièces par les dandys 2.0.

Les chaussures ne passent pas toujours avec les modes. Certaines résistent à tout. Elles peuvent même rendre fou. Roland Dumas en sait quelque chose pour avoir trop aimé ses Berluti et Aquilino Morelle, chassé de l'Élysée en 2014 par François Hollande pour les avoir trop souvent fait cirer. Je m'étonne qu'à une époque de grande indistinction vestimentaire, les chaussures restent l'un des derniers signes de nos appartenances sociales. Elles nous classent, elles disent même parfois nos préférences politiques : les Louboutin du côté de la gauche caviar, les Clarks de celui de la gauche bobo, les Repetto très à droite, les Gucci, très, très chic, les Birkenstock, baba chic. On n'imagine pas un habitant du XVIe arrondissement en pull cachemire et polo Lacoste sans une paire de Weston à glands ou sans ses Church's. *So british !* Il y a un snobisme des chaussures, un fétichisme qui sort on ne sait d'où. Ah ! les « mules en reptile » que chausse l'inconnue au pied nu de la chanson de Thomas Fersen

– *Le Chat botté*. Je veux bien croire qu'on ne veuille « plus les quitter quand on les enfile » !

Christian Louboutin n'aurait peut-être pas inventé ses semelles rouges devenues sa signature s'il ne s'était souvenu des fameux talons rouges de « Monsieur », Philippe d'Orléans, le frère cadet de Louis XIV. Saint-Simon en brosse un portrait inoubliable dans ses *Mémoires* : « C'était un petit homme ventru, monté sur des échasses tant ses souliers étaient hauts, toujours paré comme une femme, plein de bagues, de bracelets et de pierreries partout. » La légende veut que Monsieur soit rentré à Versailles d'une expédition aux halles de Paris les talons tachés du sang des bêtes qu'on y abattait. La mode en est restée et l'expression est passée dans le langage courant. Être « talon rouge », c'était, à Versailles, sous Louis XIV, appartenir à la haute noblesse de cour avant que cela ne devienne ridicule. Vigny s'en moque au XIXe siècle à propos de la jeunesse dorée du faubourg Saint-Germain, « l'élite des petits maîtres et des talons rouges ».

Les chaussures sont partout, surtout dans les contes et dans les romans. Elles disent la peur, ou la chance, ou la ruse, ou la distraction des personnages de notre enfance. Le Chat de Perrault n'aurait pas fait la fortune du marquis de Carabas si celui-ci ne lui avait donné une paire de bottes, et Cendrillon ne serait jamais devenue princesse sans sa pantoufle de verre (ou de vair, la controverse n'est pas éteinte). Au pays des merveilles d'Alice, Lewis Carroll se sert des souliers du Chapelier pour rire de sa couardise. Rappelez-vous. Appelé à témoigner au tribunal pour une sombre affaire de tartes volées, il a si peur de se faire couper la tête qu'il en perd ses chaussures et ne pense même pas à les remettre avant d'échapper au courroux du roi pour l'une de ses éternelles tasses de thé. Les chaussures sont à la poésie ce qu'un courant d'air est à l'orage. Sans elles, Rimbaud ne serait pas « l'homme aux semelles de vent ». On peut les aimer jusque dans leurs infortunes.

Dans « Le vieux soulier » défait et abandonné de l'un des plus beaux poèmes de François Coppée, pousse « une fleur des champs[1] ».

1. François Coppée, « Le vieux soulier », dans *Le Cahier rouge*, 1891.

21.

Vacances à l'île d'Yeu

Je n'aime pas la mer, ni les crustacés, comme dirait Bardot quand elle chante la fin de l'été, et pas plus les plages de sable blond, et pourtant je m'y rends presque chaque année le cœur en bandoulière. C'est qu'en été l'historien se déplace en crabe en suivant ses lecteurs. J'étais donc, l'été dernier, à l'île d'Yeu, une île qui ressemble un peu au jeu du train électrique de mon enfance. Tout y est à l'échelle mais en miniature : les routes et les maisons, les arbres et les jardins, comme au pays des Hobbits ou des Schtroumpfs bleus de la bande dessinée créée par Peyo à la fin des années 1950. Une île charmante, cependant. On n'y trouve pas un seul Schtroumpf grognon malgré le vent et la pluie qui persistaient cet été-là. Au port de la Meule, la rue des Habits-Rouges rappelle discrètement que les Anglais avaient occupé l'île sous la Révolution. Le comte d'Artois y avait même séjourné en 1795 dans l'espoir fou de reconquérir l'ancien royaume de son frère. Plus personne ne se souvient de lui. Il avait fini par régner en 1824 sous le nom de

Charles X puis, en 1830, il était tombé du côté où il penchait, comme le dit drôlement Charles de Rémusat. « Le dernier roi de France », me racontait autrefois ma mère en pensant à Louis-Philippe d'Orléans, son successeur, qui en effet n'avait été que le « roi des Français », une nuance de taille.

En revanche, on se souvient de Philippe Pétain, l'encombrant fantôme. Sa tombe au cimetière marin de Port-Joinville est curieusement placée dos à la mer, sans doute pour montrer qu'il était encore frappé d'indignité nationale au moment de sa mort, à 95 ans. On sait tout de son procès en août 1945 par la Haute Cour de Justice de la République, de la grande ombre du procureur Mornet qui le fit condamner à mort, de la commutation de la sentence par de Gaulle en réclusion à perpétuité et des dernières années du vieillard, enfermé au fort de Pierre-Levée à Yeu puis, à partir de 1949, dans une modeste maison aux volets bleus de Port-Joinville. Ses partisans y ont mis une plaque qu'on peut encore lire : « Ici est mort, le 23 juillet 1951, Philippe Pétain, maréchal de France. » Je vous épargne les polémiques stériles qui ont défrayé la chronique sur son titre de maréchal que d'aucuns voulaient lui conserver sous prétexte qu'étant une dignité et non un grade, il échappait à sa condamnation. Et tout autant le rapt rocambolesque de son cercueil en 1973 par Tixier-Vignancour et quelques anciens membres de l'OAS qui voulaient le transférer à Douaumont[1].

1. Jean-Yves Le Naour en a fait un livre assez drôle : *On a volé le Maréchal !*, Larousse, 2009.

Depuis, sa tombe a été bétonnée. Certains la vénèrent, d'autres l'évitent. Tout cela finira par du silence. J'aurais mieux aimé que l'on parle un peu plus de Charles Mangin. C'est lui, après tout, qui, par une savante préparation d'artillerie et dans le souci louable d'économiser le plus possible la vie de ses hommes, reprend les forts de Vaux et de Douaumont aux Allemands en octobre 1916. Pas Pétain.

Passons. Je ne suis pas venu à Yeu pour le vieux satyre sénile de l'armistice et de Vichy, mais pour signer mon dernier livre, à l'invitation de la seule librairie de l'île, la Maison de la presse de la grande rue de Port-Joinville. Ah ! Les signatures d'été dans une île ! Elles ont quelque chose de légèrement décalé, elles sont exotiques et joyeuses. On vous assied sous un parasol Cinzano à une table dans la rue devant la vitrine du magasin, comme un produit d'appel. On s'inquiète de vous et cependant on n'est pas bien au courant de vos livres. Lorsque je demande dans le brouhaha de la rue, à la gracieuse assistante préposée à mon confort si par hasard, elle n'aurait pas également quelques exemplaires de ma biographie de Talleyrand, elle entend : « par-devant » au lieu de Talleyrand et veut savoir à tout prix ce que diable j'ai bien pu écrire « par-devant ».

Tout est amusant dans ces signatures-là. Suis-je bien l'auteur des livres que j'ai devant moi ? me demande un monsieur un peu sceptique. Écrivez-vous des romans ? espère une dame en short boudiné qui, sur ma réponse négative, me tourne le dos. D'autres m'examinent de loin, comme une curiosité, les mains pleines de bourriches d'huîtres et s'en retournent à leurs aventures culinaires sans même daigner m'aborder. On soupire un peu et on se prend pour le Persan de Montesquieu quand ce n'est pas pour le dernier des Abencérages. De quoi dire comme Louis de Funès dans *La Grande vadrouille* : « *Where is the turkish bath ?* » J'ai quand même quelques lecteurs fidèles, sans parler des amis de passage qui me veulent du bien. Décidément, on peut tout faire en vacances, même se prendre pour un écrivain.

22.

L'été indien

J'ai écrit ceci en 2023 dans la pénombre de mon bureau, tout juste préservé du poids de la chaleur et du soleil interminable de septembre. Depuis, d'autres mois de septembre ont suivi, mouillés jusqu'à la moelle, mais les souvenirs de celui-là me sont restés, comme s'il avait été un prélude aux canicules à venir. Joe Dassin a bon dos de mettre les mois étouffants de septembre en Amérique. Le changement climatique aidant, il peut faire aussi chaud dans l'ouest de la France et à Paris que sur une plage de Long Island. Rassurons-nous, l'Administration a tout prévu, elle vient d'inventer des « agents canicule » qui sillonnent frénétiquement les Ehpad à la recherche des naufragés du soleil comme autrefois les Saint-Bernard avec leur tonnelet de rhum sur la route des Alpes. Dans mon coin de bocage, les pelouses attendent sagement de reverdir. Les cyclamens des sous-bois s'en vont déjà par lambeaux. Les ronces regorgent de mûres qu'on ne cueillait autrefois qu'en octobre. Çà et là, on aperçoit déjà quelques taches jaunes dans les frondaisons des tilleuls et des hêtres de l'allée. La nature a l'air pressée de s'en retourner à son sommeil d'hiver. Elle se venge de la chaleur. Dehors, on n'entend aucun bruit, même pas celui de l'eau. Le ruisseau qui coule en bas de ma maison est à sec et ressemble à un oued des pays du Sahel, terre desséchée et longues crevasses comme la peau d'un lézard. Les oiseaux ne chantent plus et se cachent. L'après-midi, la température monte au-dessus de trente degrés. On se croirait dans la salle sans air d'une cour d'assises. On bouge à peine, on attend que le soleil se couche et que le vent se lève.

« Le paradis, ce doit être agréable comme climat, mais on doit bien mieux rigoler en enfer à cause des fréquentations », disait en forme de boutade le facétieux Tristan Bernard. De ce point de vue, nous n'y sommes pas (au paradis[1]), si nous n'y avons jamais été. Je pense à tous les citadins enfermés dans leurs tombes de goudron, de pierres et de ciment. Paris, capitale du désert ? Cela finira par arriver, une ville minérale à l'image de la place du Panthéon où pas une herbe ne pousse.

Les grands de ce monde prennent des avions, délibèrent dans des salons climatisés, se disputent, se font la guerre, se plaignent les uns des autres, tergiversent et regardent par la fenêtre. Bientôt, ils ne verront plus rien. Nous autres, nous attendons toujours. Peut-être avons-nous tort ? Nous ne savons pas assez que nous sommes tout aussi complices. Nos systèmes capitalistes abîment

1. On prête la même citation à Mark Twain et même au cardinal de Bernis !

la planète et nous tuent à petit feu certes, mais nous en sommes à la fois les acteurs et les consommateurs. Comme des rats pris au piège d'un filet invisible. On veut faire de l'écologie à coups de normes, de circulaires et de règlements. Mais ce sont nos habitudes les plus anodines qu'il faudrait changer. Moins de voitures, de pesticides et de plastique, plus d'arbres et de forêts. Sommes-nous prêts à vivre dans des mondes plus étroits où les distances seraient celles de la marche et du vélo, où nos choix de consommation seraient réduits à ce que nous pouvons produire sur place ? Nous l'avons un peu oublié, mais, il y a à peine soixante ans – les années de mon enfance –, nous faisions encore de l'écologie comme M. Jourdain faisait de la prose, sans le savoir. Comment retrouver ces réflexes-là avec ce qu'ils comportaient d'isolement, d'inconfort et de contraintes sans revenir en arrière ? À l'époque des lois sur la pénibilité au travail ! Dans un monde devenu trop petit par les échanges et le commerce. Il est là, le défi. Ce n'est pas un changement, c'est une révolution, bien plus violente que celle de 1789. Certains de nos dirigeants balaient cela d'un mot : l'« écologie régressive ». Ils feraient mieux de trouver la porte de sortie et d'avoir « de l'avenir dans l'esprit », comme disait Napoléon de Talleyrand.

Je relisais récemment le merveilleux *Au château d'Argol* de Julien Gracq qu'André Breton tenait pour l'un des livres les plus surréalistes de son temps. Gracq l'avait publié en 1938, juste avant la guerre. La Bretagne qu'il décrit, estivale, abrupte et sauvage autour du château gothique qu'habitent ses personnages a des allures de fin du monde, avec ses rochers, ses escarpements, ses abîmes et ses arbres « muets et menaçants jusqu'aux hauteurs bleuâtres de l'horizon ». Ce sont des paysages hostiles et immobiles sous la chaleur de l'été. J'ai parfois la sensation de les revivre à l'identique aujourd'hui, au tout début de l'automne, dans mon bocage mayennais, une époque qui pour moi était jusqu'alors celle de la « douceur de vivre », des lumières rasantes et d'un lent ensommeillement. Gracq rêvait de paysages vides sans le moindre habitant. Il les imaginait à la mesure de sa solitude, pour en faire fuir les hommes. Il n'aurait pas dû mourir si tôt. Nous y arriverons bientôt, et ils ne seront pas si beaux.

23.

Le sexe des anges

Lorsqu'en avril 1453 les troupes du sultan Mehmet II mettent le siège devant Constantinople, la légende veut que l'empereur byzantin Constantin XI ait été si bien occupé à discuter de la question du sexe des anges qu'il en aurait oublié de défendre sa ville au point que celle-ci tombera en effet un mois plus tard, le 29 mai. On parle à ce propos de « querelles byzantines ». L'expression est restée. On la met à toutes les sauces pourvu que celles-ci soient absurdes et compliquées. Moins une controverse présente d'intérêt, plus elle est taxée de « byzantine ». C'est un tort. Voyez les Pères de l'Église qui pendant des siècles, de concile en concile, se sont penchés avec volupté sur cet épineux sujet. La question n'était pas tant de savoir si les anges avaient un sexe mais s'ils avaient un corps. Comment représenter ces créatures qui selon les Saintes Écritures seraient apparues aux Justes et auraient dès lors été chargées de la mission pour le moins essentielle d'être les messagers de Dieu auprès des hommes ? Leur rôle, pensait-on dès le IVe siècle, était à l'évidence trop important pour qu'on les érotise. Les Pères tranchent la question au concile de Nicée (le second), en 787 : « Comparé à l'homme, l'ange est spirituel ; comparé à Dieu, il est corporel. » Voilà qui ouvre d'immenses possibilités et met les artistes en joie. Éros avait des ailes. Eh bien tant pis, on figurera les anges avec des ailes, de toutes sortes et de toutes les couleurs. Quant à savoir si leur apparence est plus féminine que masculine ou inversement, la peinture ne le dit pas.

À la Renaissance, les anges de l'Annonciation, ceux de Fra Angelico ou de Carpaccio, ressemblent plutôt à de beaux jeunes hommes vaguement androgynes. Ce n'est que plus tard, à l'époque baroque, par exemple avec Guido Reni, qu'ils prennent une apparence vraiment féminine. Mais lorsqu'il lutte avec Jacob, le même ange – ou est-ce un autre ? il y en a tant ! – est franchement masculin. À l'époque romantique, celui de Delacroix est même carrément musclé[1].

Je ne me serais pas lancé dans un tel sujet, qui n'a au fond d'intérêt qu'esthétique, si je n'avais découvert au détour de certains « blogs » des allusions à cette question. Manifestement, l'androgynie des anges de l'Annonciation se prête parfaitement au militantisme *queer* et lui sert d'argument. « Il faut faire des anges les messager·ère·s de tous les possibles », ai-je lu dans l'un d'entre eux. Voilà qui nous ramène à l'actualité et à nos très vifs débats de société autour des questions d'identité et de genre,

1. Je pense à sa fresque de l'église Saint-Sulpice à Paris, *La Lutte de Jacob avec l'ange*.

auxquels il n'est pas permis aux historiens de tourner le dos.

Nous aurions tort de prendre ces controverses-là pour une énième querelle byzantine. Ce dont il s'agit touche à la fois au droit, à la nature, à la norme, à l'ordre et aux représentations sociales jusque dans nos plus lointains héritages. Au fond, elle est aussi importante sinon plus que la question de la centralité de la terre à la Renaissance ou que celle de la souveraineté de la nation au siècle des Lumières. Elle relève aussi des mêmes dynamiques et des mêmes procédés : la voix des minorités, l'apathie du plus grand nombre, le travail de l'opinion et les adaptations de la loi. Nous n'en sommes plus aujourd'hui aux identités de sexe : « hétéro », « cis », « bi » ou « trans », mais à la question de savoir ce qui l'emporte de la conscience subjective ou de la nature dans la détermination d'un nouvel ordre social. Autrement dit, et au-delà des apparences physiques, les préférences d'identité de genre – ce que les Anglo-Saxons appellent le *gender fluid* –, qui nous feraient homme ou femme selon nos états d'âme, peuvent-ils un jour entrer dans le droit et former de nouvelles catégories juridiques ?

Lisez certains articles publiés dans de très sérieuses revues, et vous verrez que le débat est en cours. Allons-nous « vers une disparition du sexe juridique au nom de l'égalité absolue des sujets de droit ? » se demandent certains juristes. Par son arrêt du 7 mars 2018, la Cour de cassation s'est opposée à la dénomination « sexe neutre » réclamée par un plaignant. Mais pour combien de temps ? Par le récent article 61-5 du Code civil, toute personne peut en France demander la modification à l'état civil de son identité de sexe sans pour autant qu'une intervention chirurgicale ait été pratiquée[1]. On regrette presque le chevalier d'Éon ou le personnage d'Orlando qui s'endort homme et se réveille femme dans le merveilleux roman éponyme de Virginia Woolf. Il n'y a pas un jour sans qu'éclate une querelle sur le « iel » ou sur la pertinence d'usage des termes « homme » ou « femme ». Ce débat-là travaille la société en profondeur, avec son cortège d'invectives et d'intolérance. Selon la victoire des « anciens » ou des « modernes », nous saurons ce qui, d'être sexué ou asexué, nous rendra le moins malheureux. *Brave new world*, comme dirait Aldous Huxley !

1. L'article modifié est consultable sur le site Légifrance depuis le 20 novembre 2016.

24.

Milou et Tintin

Tintin se porte bien, surtout sous le feu des enchères. Le dessin original de la couverture du *Lotus bleu* a été récemment vendu pour près de 3,2 millions d'euros, celui de *Tintin en Amérique* pour plus de 2 millions d'euros par la maison Art curial à Bruxelles en février 2023. Ce n'est pourtant pas cela qui me fait penser au jeune reporter en culottes de golf de notre enfance. Inquiet de ne pas avoir de ses nouvelles, j'écrivais récemment à un vieux camarade, et nous nous sommes soudain surpris à évoquer le *Manitoba* (qui ne répond plus), le bateau de Joe, Zette et Jocko, les héros de la première série d'Hergé créée en 1936, et avec lui, le *Karaboudjan* du capitaine Haddock et le *Schéhérazade*, le yacht de luxe du peu scrupuleux homme d'affaires au cigare, Roberto Rastapopoulos. Je me suis toujours demandé comment Tintin avait pu devenir un héros universel, de ceux, très rares, qui échappent au temps, alors qu'il est sans cesse prisonnier des contingences mentales et sociales des époques auxquelles il a été créé et dans lesquelles il a évolué.

Avec lui ce sont les Indiens qui sont méchants. Lorsqu'il est en Afrique, il chasse le gros gibier (des antilopes) et parle « petit nègre » aux autochtones. En ville, les concierges sont toujours armées de balais, les savants du Musée ethnographique portent des barbiches et des lunettes. Tintin est en kilt quand il voyage en Écosse, en casque colonial au Congo. Tapioca et Alcazar résument à eux seuls tous les putschistes d'Amérique latine et Basil Bazaroff tous les marchands de canons du siècle dernier. Les déserts sont peuplés de chics cheikhs plus riches et fantasques les uns que les autres. Les moines tibétains lévitent. En Chine, on fume de l'opium dans de grandes pipes en laque rouge et au Pérou, on croise des lamas qui vous crachent à la figure : « Quand Lama pas content, Lama toujours faire ça. » Et puis Hergé aime la science, les fusées, le progrès, le grand fantasme des années 1950 !

Si Tintin, le jeune reporter-aventurier-enquêteur, est intemporel, c'est qu'il démasque les méchants. Pas les hommes politiques, les contrebandiers et les bandits : les frères Loiseau, les antiquaires véreux de Moulinsart, le docteur Müller, le faux-monnayeur de *L'Île noire*, Allan Thomson le second du capitaine Haddock, Omar Ben Salaad, le trafiquant d'opium du *Crabe aux pinces d'or*. Pour le reste, il se fiche pas mal de la situation des pays dans lesquels se déroulent ses aventures, de leur régime ou de la liberté de la presse. Le San Theodoros, la Bordurie sont des dictatures d'opérette.

Les révolutions, les guerres qui y éclatent ne font aucun mort et ne changent rien au sort de leurs habitants. Les amitiés de Tintin pour Zorrino, le jeune Indien du *Temple du soleil*, et même pour Tchang, le jeune Chinois – n'en déplaise à son modèle, l'artiste Tchang Tchong-Jen dans la vraie vie – n'ont pas l'air réelles, elles semblent dictées par les circonstances et les nécessités du récit. Notre reporter tout-terrain n'aime pas plus les femmes, les grandes absentes de ses aventures. Qui voudrait tomber amoureux de la Castafiore ou de sa camériste, Mme Irma ? Il n'y a guère que la petite Tzigane Miarka des *Bijoux de la Castafiore*, celle qui, de peur, mord le capitaine Haddock puis retrouve les ciseaux d'or, qui nous émeuve, mais nous sommes bien les seuls. Tintin s'en moque. Il n'a pas d'affect, pas de sentiments, il est étrangement absent à lui-même comme le Chevalier inexistant du roman éponyme d'Italo Calvino qui n'a de réalité que son armure. Un automate du bien comme il existe des automates du mal aux quatre coins du monde. Tintin est un idéal-type, comme le sont les Dupond et Dupont de la maladresse, Tournesol de la distraction, Nestor du service bien fait et Séraphin Lampion du sans-gêne.

Ce n'est pas Tintin qui est moderne, c'est Milou ! Hergé a cela d'étonnant que, ficelé comme il l'est dans son époque, il invente avec un demi-siècle d'avance quelque chose d'absolument contemporain : l'anthropomorphisme. L'un des grands spécialistes de Tintin appelle drôlement cela « une poussée vers l'hominisation ». Heureusement, je ne suis pas aussi savant que lui[1] !

Milou le petit fox-terrier blanc à poil dur de Tintin, sans doute inspiré de celui d'Édouard VII dont on peut voir la statue dans la chapelle Saint-George du château de Windsor, ne se contente pas de parler, il a des sentiments, des doutes, des passions. Il déteste les chats. Il a beau être brave et intelligent, il est gourmand, têtu et râleur. Il a sans cesse des cas de conscience, des hésitations quasi pascaliennes : délivrer le message qui sauvera son maître ou ronger l'os de ses rêves ? Souvenez-vous des trois Milous de *Tintin au Tibet*, l'un au naturel, l'autre en ange gardien, le troisième en petit diable à queue fourchue. « Bah ! Bah ! Le message, il attendra. Mais un os pareil, ça ne se rencontre pas tous les jours. » Milou sait ce que sont le paradis et l'enfer. Dans *Tintin au Tibet*, même le Yéti éprouve des sentiments. Avant Hergé, c'était une bête sauvage et cruelle, après lui, c'est un gentil monstre solitaire, sensible et incompris qui sauve Tchang de la mort et veut en faire son ami. Bref, Milou – comme le Yéti – est étrangement humain. C'est Tintin qui est une bête.

1. Jean-Marie Apostolidès, *Les Métamorphoses de Tintin*, Flammarion, 2006, dans le chapitre 3, « L'univers primitif ». Michel Pasoureau consacre également un article à Milou dans ses *Animaux célèbres* publiés chez Arléa en 2008.

25.

Noël en exil

Je me souviens des noëls de mon enfance. Nous les passions avec mes parents chez ma grand-mère dans une grande maison de la banlieue parisienne perdue dans un parc planté de très vieux arbres, avant que Delouvrier et ses villes nouvelles ne la fassent disparaître. Tout y était anglais. On y pratiquait le rite du cake, du pudding et du goûter. Mes cousins et moi, nous y chantions, *Jingle Bells* bien alignés devant le sapin, et *Silent Night* que je ne réécoute jamais sans penser à ces moments-là. La crèche était faite de mousses et de branches de houx qu'on nous envoyait cueillir dans le parc. Chacun y mettait sa pantoufle qui marquait l'emplacement des cadeaux. Les parents les distribuaient toujours par ordre d'âge, du plus jeune au plus vieux, et cela n'allait pas sans batailles.

Je ne sais pourquoi, mais je me suis rappelé tout cela en relisant le discours d'hommage d'Emmanuel Macron à Hubert Germain et aux compagnons de la Libération, le 11 novembre 2021, au Mont-Valérien. N'est pas Malraux qui veut, mais il y avait tout de même de beaux passages un peu nostalgiques dans ce discours : sur notre dette aux héros de l'appel du 18 juin, sur la liberté, sur notre esprit de résistance « de Bouvines au Chemin des Dames » et « de Reims à Koufra ». Comme si nous l'avions un peu perdu en cours de route. Et je me suis mis à penser aux noëls de ces apatrides de 1940, parfois condamnés à mort par le régime de Vichy, qui pendant cinq ans, s'étaient battus aux quatre coins du monde pour défendre leur pays et les affections qu'ils y avaient laissées. Mes parents m'avaient offert à l'occasion de l'un de mes noëls d'enfant un exemplaire – que je conserve encore – du message prononcé par de Gaulle à la radio de Londres, « aux enfants de France » en décembre 1941. Je n'ai jamais su s'il l'avait entièrement écrit, mais il y parle comme l'on raconterait un conte sans âge : « Il y avait une fois la France », et de comparer les nations à des dames « plus ou moins belles, bonnes et braves », et de faire de « Notre-Dame la France », la plus belle et la plus brave, bien que honteusement occupée par une voisine peu commode, l'Allemagne « brutale, rusée et jalouse ». Son message s'achève comme il avait commencé, par une personnification morale des acteurs de son récit qu'on croirait tout droit sortie d'un conte d'Andersen. « Vous recevrez bientôt une visite, la visite de la victoire. Ah ! Comme elle sera belle, vous verrez. »

Ce de Gaulle-là est tout de même le plus surprenant de tout ce que l'on sait de lui. Ses noëls dans son petit appartement de Seamore Grove près de Hyde Park, puis, à partir de 1942, dans le quartier plus paisible de Hampstead, au nord-ouest de Londres, à moins qu'il ne les ait passés à la campagne dans sa résidence de Rodinghead, devaient être infiniment moins poétiques et plus tristes. Yvonne l'avait rejoint cependant, et leurs deux filles, Élisabeth et Anne. Mais quelle solitude !

Je relis au même moment les souvenirs de l'un de mes oncles, Jean de Pange, un Français libre de la première heure, et j'y trouve encore plus de tristesse. Il était à Fort-Lamy au Tchad, avec Leclerc, en décembre 1940. Quelques jours après Noël, il allait être le premier Français à survoler Koufra, au fin fond de la Libye, à bord de son Blenheim, avant que la France n'y plante son drapeau. « Noël arrive, notre premier Noël en exil et aussi le plus triste de ceux que j'ai connus. » Pour cacher son bourdon, il part faire une balade à cheval dans le désert. Ses camarades organisent un réveillon, mais le cœur n'y est pas. « Nous avons tous le cafard des exilés, et pour mettre un peu d'ambiance, nous chantons des chansons d'escadrille. »

Ils devaient être des milliers comme lui à travers le monde, alors que le sort de la guerre était encore incertain, et nous devrions nous en souvenir. Peut-être faut-il être un peu poète pour oublier les aléas de l'exil ? À Alger, en décembre 1943, alors qu'il était en réserve de commandement de son groupe d'observation 2/33, Saint-Exupéry, lui, se consolait de sa solitude en pensant à ses émerveillements d'enfant, à Noël, le jour de ses cinq ans, chez l'un de ses oncles, dans sa maison du Var : « Il y avait à La Mole une bergerie extraordinaire, une crèche avec des moutons et des chevaux et un bœuf et un âne et trois rois mages […] et surtout une odeur de cire qui est pour moi l'essence de toute fête[1]. »

C'était redoubler l'exil puisque nous sommes tous en exil de notre enfance. Pensait-il à cela lorsqu'il s'écrasa en mer quelques mois plus tard, le 31 juillet 1944, dans des circonstances qui nous échappent encore ? Décidément les sortilèges de l'enfance l'emportent sur la mort, et la littérature sur les cruautés de la guerre.

1. D'après l'une de ses lettres à Pierre Chevrier, dans *Œuvres complètes*, Paris Gallimard, coll. « Bibliothèque de la Pléiade », t. II, 1999, p. 972.

26.

Les distraits

Vous vous souvenez du lapin d'*Alice au pays des merveilles*, dans la version animée de Walt Disney, sortie en 1951. Il se promène tranquillement dans la forêt et tout à coup quelque chose lui traverse la tête. Le voilà qui s'agite, court dans tous les sens et regarde sans cesse une espèce de grosse pendule qu'il a dans les mains : « Je suis en retard, je suis en retard, j'ai rendez-vous quelque part, je n'ai pas le temps de dire au revoir. » Et Alice, délicieusement innocente, s'étonne : « Ce lapin est en retard, mais pour quoi faire ? » C'est bien toute la question. Pourquoi est-on distrait ? Un distrait est un étourdi, dit Furetière dans son dictionnaire. C'est aussi quelqu'un qui s'échappe dans ses rêves. La Rochefoucauld compare leur esprit aux chimères de la nuit. « Ils errent à l'aventure sur les traces du cerveau. »

Au fond, il y a mille façons de tourner le dos au monde tel qu'il est, à ses horloges et à sa raison. Jean Giraudoux l'avait bien compris en choisissant pour titre aux cinq conférences qu'il avait prononcées en 1936 sur Jean de La Fontaine : « La Fontaine ou la distraction volontaire[1]. » « Il est impossible, commence-t-il, de raconter cette vie autrement que comme une épopée de la simplicité et de la distraction. » Un distrait ne peut pas être méchant puisqu'il pense à autre chose. Mais La Fontaine était tout aussi capable d'oublier dans la voiture qui le ramenait de Versailles, la bourse que le roi venait de lui donner.

On se prend les pieds dans sa distraction. Elle vous court après d'un bout à l'autre de votre vie. On s'en débarrasse aussi difficilement que le capitaine Haddock de son sparadrap, dans l'*Affaire Tournesol*. Elle a quelque chose à voir avec l'effet papillon de Bénabar. Vous connaissez la chanson : « Petite cause, grande conséquence / Petite chose, dégât immense. » Il n'y a guère qu'au cinéma que les grands distraits s'en sortent sans accidents. Si Pierre Richard ne l'avait pas été dans *Le Grand Blond*, il n'y aurait tout simplement pas eu de film et encore moins de fous rires. Les distraits de papier sont toujours sympathiques. Voyez Gaston Lagaffe, le personnage de Franquin, ou le professeur Tournesol dans *Tintin*. Dans la vie, les choses sont plus compliquées.

Je me souviens d'un soir d'été sur le quai de la gare de Tours, il faisait doux, nous rentrions, ma femme et moi, d'un week-end bucolique chez une amie. Le train nous attendait. Tout à coup, surprise et damnation, je

1. Elles ont été publiées deux ans plus tard chez Grasset sous un autre titre : *Les Cinq Tentations de La Fontaine*.

m'aperçois que le livre rare dont j'ai absolument besoin pour mes recherches est resté sur ma table de nuit. Ce genre d'oubli me plonge toujours dans des angoisses existentielles. Qu'à cela ne tienne ! Je vais appeler mon amie et lui demander de me l'envoyer par la poste. Entretemps, ma femme est montée dans le train avec son portable. Je n'en ai pas, je lui emprunte le sien et arpente fébrilement le quai tout en donnant des instructions très précises à la pauvre amie qui allait jouer les supplétives. Tout va bien ! Je me retourne. Plus de train, il était parti. Ma femme, ma fille et mes bagages avec lui. Le prochain était dans trois heures. Le seul qui ait rigolé, c'est le chef de gare.

Un autre jour, à l'occasion d'une soirée un peu officielle, je me fais aborder par un inconnu à la mine avenante. Poignée de main et large sourire. Son visage me dit vaguement quelque chose mais pas assez pour que je ne me risque pas à lui demander son nom, l'air un peu gêné. Stupeur du monsieur : « Enfin Emmanuel, je suis votre notaire ! » Il habitait Laval et nous étions à Paris. Arrachez un individu de l'univers dans lequel vous avez l'habitude de le voir, vous lui passez à côté. Voilà ce que c'est que la distraction, quelque chose qui ressemble aux gags à répétition de Buster Keaton. Mais ça ne finit pas toujours bien. D'aucuns la prennent pour de l'arrogance ou du je-m'en-foutisme. Ils ont tort. La distraction est un dérèglement. Une inaptitude à vivre selon l'ordre du temps.

On a noté le jour et l'heure exacts d'un rendez-vous, mais on se trompe de mois ou de semaine, on prend quelqu'un pour un autre et on lui parle longtemps avant qu'un léger doute ne rende la conversation absurde et légèrement lunaire. La distraction conduit tout droit à l'extravagance. Lisez La Bruyère. Il pensait au poète Racan, un autre grand distrait, lorsqu'il fit de lui l'un de ses « caractères » les plus savoureux, sous le nom de Ménalque : « Ménalque descend son escalier, ouvre sa porte pour sortir, il la referme ; il s'aperçoit qu'il est en bonnet de nuit, et, venant à mieux s'examiner, il se trouve rasé à moitié ; il voit que son épée est mise du côté droit, que ses bas sont rabattus sur ses talons, et que sa chemise est par-dessus ses chausses. [...] On lui perd tout, on lui égare tout ; il demande ses gants, qu'il a dans ses mains. Il entre à l'appartement, et passe sous un lustre où sa perruque s'accroche et demeure suspendue ; tous les courtisans regardent et rient, Ménalque regarde aussi et rit plus haut que les autres ; il cherche des yeux dans toute l'assemblée où est celui qui montre ses oreilles, et à qui il manque une perruque »[1].

Il n'y a guère que les dandys qui ne peuvent se permettre la moindre distraction. Ils sont trop occupés d'eux-mêmes. George Brummell, l'arbitre des élégances sous George III, qui prétendait mettre cinq heures pour s'habiller, ne l'était pas. Si le duc de Lauzun avait été distrait, jamais il n'aurait réussi ce chef-d'œuvre de séduire la Grande Mademoiselle et d'en espérer un mariage que seul Louis XIV finira par contrarier. Le

1. La Buyère, *Les Caractères*, XI, 7.

calcul, l'intérêt et l'ambition n'entrent pas dans la vie des distraits.

Je me prends tout de même à rêver. Quelques distraits de plus et le monde serait moins triste. Avez-vous remarqué que les dictateurs ne le sont jamais ?

27.

Comment voyager dans un char de Prigojine ?

J'aime beaucoup ma femme qui aime beaucoup ses chiens. La mort soudaine et infiniment triste de sa chienne préférée, une épagneule de neuf ans, très soyeuse, très touchante, très distraite et très maladroite, l'a plongée dans des abîmes de rêveries, de celles qui peuvent vous conduire au-delà du raisonnable. Après tout, les chiens ont cet avantage sur l'homme qu'ils vous lèchent la main lorsque vous les nourrissez au lieu de vous la mordre. Il faut avoir été un peu déçu par ses semblables pour les aimer. Le point de vue de ma femme est le suivant : plus on lui signale un chien perdu et maltraité, plus elle le désire. À condition qu'il ait un peu une tête de cocker anglais, les yeux tristes, le poil long, des oreilles qui traînent et la démarche chaloupée. On trouve de tout sur les réseaux, y compris certains clubs très fermés de vieilles ladies fantasques qui n'ont pour horizon que les races de chiens en voie de disparition, le thé, le kilt, les jardins, la chasse en zone humide et la reine d'Angleterre – enfin je veux dire le jeune roi nouvellement couronné.

Vous vous souvenez de ces inscriptions en cuivre déclinées en trois langues qui ornaient les compartiments de nos trains, avant qu'on ne se déplace au lieu de voyager. « *Do not lean out of the window.* » Ma femme est tombée du côté de ses rêves. Elle s'est mise à regarder par la fenêtre et elle a vu, très loin, de l'autre côté des Carpates et bien au-delà des Dardanelles dans le Donbass occupé, un amour de chiot aux pattes énormes, chocolat de la tête aux pieds et certainement plus fidèle que Lassie, ce colley du Yorkshire qui, dans les livres, rentre toujours à la maison. Un épagneul du Sussex – en anglais : *Sussex Spaniel* –, le plus verdoyant des comtés britanniques, rescapé de tout, des hommes, de la géographie et de l'histoire. Je me demande encore ce qu'il faisait sur les bords de la mer d'Azov.

Ces chiens-là n'ont l'air d'exister que dans une gravure de Cecil Aldin, entre deux gentlemen anglais en veste rouge, un verre à la main, la goutte au pied et la jambe posée sur un tabouret. Ils sont si rares que personne ne les connaît. Comme d'habitude, je n'étais au courant de rien. Nous étions un certain samedi 24 juin 2023 et ma femme me réveille avec deux nouvelles. Le putsch d'Evgueni Prigojine et le départ pour Moscou de son (notre) nouveau chien. Il fallait vraiment être stupide pour ne pas deviner d'où il venait. De Rostov-sur-le-Don ! Et voilà notre chien de trois mois, les chars de Wagner et tous les taulards de la sainte Russie en route pour le Kremlin. Les chars sont passés, mais évidemment le chiot s'est fait arrêter au premier pont. Il a mis six jours pour arriver à la maison. D'est en ouest, en passant par Minsk, Vilnius, Varsovie – n'en déplaise aux Polonais –, Berlin, Dortmund, Bruxelles et Paris. 4 000 kilomètres. J'étais un peu inquiet. Ma femme s'est montrée très rassurante. Tout cela était parfaitement normal, m'expliquait-elle, un banal incident de parcours.

Je ne sais pourquoi les chiens nous rendent gâteux et tendres à la fois. L'un de mes plus chers amis, qui ne quitte jamais Paris, vient de s'offrir un bouvier bernois presque aussi grand que son appartement et nous écopons d'un chien quasi russe – enfin anglo-russe, ne soyons pas sectaires – en pleine invasion de l'Ukraine. Les guerres, le pouvoir, la soumission et la haine ne concernent que les hommes. Dans l'une de ses Fables, La Fontaine fait de son dogue « gras et poli », mais enchaîné, le courtisan servile de son maître et lui préfère le loup, maigre et misérable, mais libre[1]. Il avait tort, pour cette fois, de prêter à ses animaux les travers des humains. Rousseau prétend dans l'*Émile* que sa fable aurait fait pleurer une petite fille qui aimait son chien.

Je n'ai toujours pas compris pourquoi on accusait les femmes, à la veille de la Révolution, d'avoir eu la folie de leurs chiens de compagnie. Denis Diderot, Louis-Sébastien Mercier et tant d'autres adeptes des Lumières faisaient de ces derniers un instrument d'asservissement et de soumission des hommes. On s'inquiétait alors du trop grand pouvoir d'influence des femmes.

1. La Fontaine, « Le loup et le chien », dans *Fables*, livre I, 5.

On faisait à la monarchie un procès en féminisation pour mieux en signifier l'avilissement. Cela continuera sous la Révolution. Dans sa *Vie privée du maréchal de Richelieu*[1], le polémiste Jean-Louis Soulavie met ce dernier en scène en train de porter le petit épagneul de Jeanne du Barry, la maîtresse de Louis XV, dans le seul but de lui complaire. Et de commenter. « Nous disons que cet être si altier qui mettait si souvent en avant ses titres de pair et maréchal de France, de noble génois, de gouverneur de Guyenne, de premier gentilhomme de la Chambre du roi, se croyait très honoré de porter le petit chien d'une fille. » C'est tout juste si les bichons de salon du « plaisir de vivre » n'étaient pas contre-révolutionnaires. Quelle drôle d'idée ! Les chiens ne font pas de politique.

Celui de ma femme vit désormais sa vie de réfugié à la campagne. Si l'innocence avait un nom, ce serait le sien. Il ne nous quitte pas d'une semelle, aboie quand nous ne sommes pas là, mâchonne consciencieusement le bout de bois qu'il a trouvé, n'aime pas l'eau et chasse à vue : les mouches, les moustiques et toutes ces choses qu'on n'attrape jamais. Ce n'est pas lui qui court derrière les oiseaux, ce sont les oiseaux qui volent après lui. Bref, un chien de chasse de compétition. Il peut rester des heures assis ou couché, la tête entre les pattes, ses longues oreilles par-dessus, à regarder attentivement de ses yeux d'or quelque chose que je ne vois pas. « *He is busy minded* », aurait dit ma mère.

1. Publiée en 3 volumes, en 1792, sous la Révolution.

Si nous aimons les chiens, c'est peut-être à cause de notre insatiable besoin de consolation. Un chien se fiche de savoir si vous êtes triste ou gai. Il vous aime parce que vous l'avez choisi. Regardez un chien qui dort, c'est l'image même du bonheur. Le mien – un vieux Clumber Spaniel au poil blanc tacheté de brun – vit avec moi depuis presque quinze ans. Il me touche d'autant plus qu'il ne voit ni n'entend plus rien. Il sait pourtant quand je suis là et me fête à chaque fois que je le retrouve. Nous avons nos habitudes. Nous avons vieilli ensemble.

« Comment voyager avec un saumon ? » se demandait Umberto Eco dans l'une de ses nouvelles les plus loufoques. Comment voyager avec son chien ? Je ne suis pas un adepte des explorations lointaines mais s'il le fallait, je ferais le tour de la terre pour en sauver un. Ma femme, ma fille et moi suivons presque le même rite. Allez comprendre les signes, les guerres et le destin.

28.

Danton, Robespierre et nous

Bien sûr, la Révolution ne se résume pas à ses monstres sacrés. On ne pourrait pourtant la comprendre sans eux. De Danton et de Robespierre, on peut n'aimer ni l'un ni l'autre. On peut aussi aimer l'un plutôt que l'autre. Les deux hommes ont eu leurs thuriféraires, et non des moindres[1]. C'est pourtant Robespierre, le « tigre » et le « tyran » qui, après sa chute en juillet 1794, essuie les plâtres de la Terreur. Il a terrifié les romantiques autant qu'il les a envoûtés, de Charles Nodier à Thiers et Michelet, jusqu'à Victor Hugo. Il faut attendre la révolution russe de 1917 et ses rêves de bonheur universel pour qu'apparaisse durablement la figure du héros derrière celle du mauvais génie. Je me demande même si, aujourd'hui, à l'heure des réseaux et de la transparence universelle, à l'heure de la société surveillante des indics

1. Loris Chavanette a publié récemment un portrait croisé des deux hommes : *Danton et Robespierre. Le choc de la Révolution*, Passés composés, 2021.

et des balances, Robespierre n'a pas encore de beaux jours devant lui. Même Mélenchon se prend un peu pour lui. J'avais été invité, il y a quelques années, à siéger dans le jury d'un concours d'éloquence à l'Hôtel de Ville de Paris. Il s'agissait de juger l'Incorruptible. Plusieurs ténors éminents de La France insoumise – je ne donnerai pas leurs noms – avaient également été conviés et, à ma grande stupéfaction, ils étaient tous arrivés habillés de pied en cap en conventionnel en mission, chapeau à plumes sur la tête, écharpe tricolore autour de la taille et carmagnole à revers. Ils n'essayaient pas de comprendre la Révolution, ils la vivaient.

Robespierre, « l'homme qui nous divise le plus », pour reprendre la belle formule de Marcel Gauchet, est aussi celui qui nous fascine le plus.

On l'aura compris, le sang coule mieux et plus vite dans les veines de Danton, il est plus rouge. Mais il est plus pur dans celles de Robespierre. Quand l'un met la Révolution en axiomes et la légitime, l'autre la bouscule et l'électrise. On se souvient du grand discours de Danton à la tribune de l'Assemblée législative le 2 septembre 1792 alors que les armées coalisées contre la Révolution étaient sur le point d'envahir le territoire : « Pour les vaincre, Messieurs, il nous faut de l'audace, encore de l'audace, toujours de l'audace, et la France est sauvée. » C'était quelques jours après la prise des Tuileries. L'ancien avocat aux conseils du roi était secrétaire à la Justice. Il mettra un peu les mains dans les massacres des prisons qui suivront. C'est encore lui qui est à l'origine du Tribunal révolutionnaire créé en mars de l'année suivante. « Soyons terribles pour éviter au peuple de l'être. » On comprend, dans ces conditions, pourquoi ses ennemis et futurs vaincus – je pense aux Girondins – ne lui trouvaient qu'une jovialité et une bonhomie d'apparence. « L'audace sur le front, le rire de la débauche sur les lèvres, la férocité de son visage dénonce celle de son cœur », accuse Mme Roland en prison à quelques semaines de la guillotine. L'élection a fait Robespierre, l'insurrection fera Danton. Tous les deux ont voulu le « despotisme de la liberté » mais ce n'était pas au même moment. Pour Danton, c'était au 10 Août, lorsqu'il fallait renverser la monarchie. Pour Robespierre, ce sera après, quand il ne verra plus de fin à la révolution idéale à laquelle il aspirait.

Se sont-ils jamais aimés ? Ils étaient trop différents pour cela. Robespierre n'a pas de corps, Danton n'a cessé de s'en servir : de sa corpulence, de sa laideur, de ses excès. Jusque sur l'échafaud : « Tu montreras ma tête au peuple, elle en vaut la peine. » J'ai revu récemment le dessin qu'avait fait de lui Dominique-Vivant Denon à son procès, en avril 1794. Un vrai bouledogue. D'un côté l'ascèse, de l'autre l'instinct. L'un a été le théoricien de la Révolution, l'autre, son homme de main et son enchanteur. Ce n'est pas Danton, c'est Robespierre qui a fait « du vice et de la vertu » « les destins de la terre ».

J'avais été saisi de ces différences-là en regardant le *Danton* de Wajda (sorti en 1983) et surtout la scène la plus sublime de son film, lorsque les deux hommes se rencontrent pour la dernière fois, en mars 1794, et savent qu'ils vont mourir de ne pas avoir pu s'entendre.

Le premier joué par Depardieu, le second par l'acteur polonais Pszoniak, l'un tout en force, en impulsions et en éclats, l'autre impassible, gourmé et immobile, les lèvres minces, la perruque impeccablement poudrée, les yeux troubles et fixes derrière ses éternelles lunettes à monture d'or, une figure de cire égarée en pleine révolution. Je pense encore à Edmond van Daële qui joue un Robespierre encore plus glacial dans le *Napoléon* d'Abel Gance. L'extrême correction donne au droit de vie et de mort sur les autres une force de cruauté que le débraillé n'a pas.

Danton sera le premier des deux à monter à l'échafaud par la vengeance de Robespierre. Et ce dernier le suivra trois mois plus tard, par le remords de Danton. Qu'on ne s'y trompe pas. Ces deux-là se battent aussi pour le pouvoir et se jaugent à leur popularité. Séduction du peuple, mais aussi séduction des femmes. Quand l'un les a aimées, l'autre en a été adulé, de loin, comme l'on aimerait une idole, sans jamais y répondre. J'ai lu récemment à la Bibliothèque nationale une lettre de l'une des admiratrices de l'« Incorruptible ». Elle est postée de Nantes et datée de juin 1794. Elle dit tout de ce qu'a pu être la puissance d'attraction de cet homme. Une attirance abstraite, toute cérébrale : « Depuis le début de la Révolution, je suis amoureuse de toi. » Et de faire du président du club des Jacobins, de l'homme inflexible des lois de Prairial et de la « Grande Terreur » son « ange tutélaire », sa « divinité suprême ».

Peut-être Robespierre a-t-il voulu le bonheur des autres parce qu'il ne s'aimait pas lui-même. Peut-être s'est-il senti persécuté parce qu'il ne croyait personne capable de le vouloir avec lui. Il avait, dit encore Barras, « le génie du soupçon ». J'ajouterai : le démon de la rancune. Ces obsessions-là ne conduisent pas à l'indulgence. Elles vous enferment dans le silence et le sommeil de la mort. Danton, l'agitateur, était trop impulsif, trop spontané pour se taire. Il a voulu mettre un terme à la Terreur et la Terreur s'est retournée contre lui. « Méfiez-vous du premier mouvement, disait Talleyrand, c'est toujours le bon. »

Comme nous, l'un et l'autre ont aimé les mots et ont cru en leurs pouvoirs. Mais ils n'en ont pas usé de la même façon. Robespierre est resté dans le prétoire quand Danton était du côté du panache et de la rue. L'un et l'autre représentent sans doute, bien au-delà de la Révolution, deux parts de nous-même. La mélancolie d'un côté, l'exubérance de l'autre. Quelle sorte d'homme voulons-nous être ? De ceux qui, pour n'être pas parfaits et pour le savoir, finissent par renoncer au sang ou de ceux qui, pour trop aimer la vertu, s'accordent le droit de tuer n'importe qui ?

29.

« Merde ! »

Il n'est pas un jour où la presse ne nous signale telle plainte portée devant les tribunaux ou tel rappel à l'ordre lancé à l'Assemblée nationale pour un mot qu'on ne saurait entendre, surtout de la part d'un représentant de la nation ou d'un journaliste d'une chaîne de grande écoute, mais que nos « grands hommes (ou femmes, moins souvent) » n'en finissent plus de prononcer. « Tafiole de m... », « enfant de putain de salafiste de m... », « baqueux de m... », « toi, t'es une m... », et encore je ne cite que les plus récents, histoire de ne pas fatiguer le lecteur. Comme si ce mot-là était aujourd'hui au combat politique ce que la pharmacopée purgative est au soulagement. Qui se souvient encore de l'émoi provoqué en janvier 1957 par le député de droite Jean-Louis Vigier lorsqu'il avait lancé le mot de cinq lettres à la figure du président de l'Assemblée nationale ? C'était il y a un siècle, dans les derniers mois de la Quatrième République. Non pas que les députés n'aient pas aimé les noms d'oiseaux depuis que les assemblées existent. Prévert aurait pu en faire l'inventaire : « excrément », « gland de potence », « baron de mes deux », « moule à claque », « fœtus », j'en passe et des plus graves, mais presque jamais le mot de cinq lettres[1].

Il n'est pas né d'aujourd'hui, pourtant. Dérivé du latin *merda*, il apparaît dès la fin du XIIe siècle. Puis il s'installe, dans le *Roman de Renart* et jusque dans les *Miracles de Nostre-Dame* de Gautier de Coinci. Il avait une fonction scatologique et transgressive alors, contre les autorités civiles et cléricales, contre les lâches, les gloutons et les paresseux. Au Moyen Âge, il n'était pas nécessairement blessant. Il faisait surtout rire. Souvenons-nous de la réplique de frère Jean des Entommeurs au pauvre Panurge tremblant de peur en pleine tempête, au large des îles Tohu et Bohu, dans le *Quart livre* de Rabelais : « Fy, qu'il est laid le pleurard de merde. » Et de traiter Panurge de « mâche-merde ».

Après avoir servi le formidable rire rabelaisien, le mot ronronne pendant des siècles. Il n'est pas tout à fait sorti de la fosse d'aisances. Il a encore des allures de juron. Il lui faudra du temps avant d'atteindre les hauteurs de l'insulte. Il se réveille un peu sous l'Empire. Napoléon le met dans un bas de soie et le sert à Talleyrand et puis, tout à coup, il entre dans l'histoire et fait le tour du monde. On n'est pas sûr que Cambronne l'ait jamais prononcé face au général anglais Colville qui le sommait

1. L'historien Thomas Bouchet a consacré un joli livre aux injures politiques. *Noms d'oiseaux. L'insulte en politique de la Restauration à nos jours*, Le Livre de poche, 2011.

de se rendre, le soir de la bataille de Waterloo, mais peu importe, le mot est resté. Guitry en a fait une pièce de théâtre entre les deux guerres, et, avec sa voix de nez aux inflexions si particulières, un savoureux dialogue entre le général et Napoléon, la veille de la bataille, rapporté par le vieux grognard lui-même :

> *Napoléon* : – Vous parlez mal, Cambronne, et c'est un grand défaut !
> *Cambronne* : – Pourtant, Sire, je me surveille.
> *Napoléon* : – Il faut vous surveiller, Cambronne, mieux encore,
> Car il pourrait un jour
> Vous échapper un mot
> Qui vous ferait le plus grand tort.

Victor Hugo l'avait déjà rendu célèbre, grâce aux *Misérables*[1]. C'est par lui que l'écrivain regagne la bataille. Quelle drôle d'idée Napoléon a-t-il eue de la perdre ! Pour Hugo, Cambronne, *in fine*, prononce le mot de la victoire. « Dire cela, faire cela, trouver cela, c'est être le vainqueur. L'esprit des grands jours entra dans cet homme. » Le « merde » de Cambronne, c'est le mot de la liberté « jeté au passé au nom de la Révolution ». Par ce mot, le peuple se substitue à Napoléon. Le génie change de position et s'incarne autrement.

Voilà ! Le mot de Cambronne est resté quand plus personne ne se souvient de celui du marquis de Dreux-Brézé,

1. Victor Hugo, *Les Misérables*, II, 1, 14-15.

le grand maître des cérémonies de Louis XVI. Lancé à bout d'arguments, le 23 juin 1789, dans la salle des Menus-Plaisirs de Versailles, aux députés du tiers état qui refusaient de sortir et – ultime injure – lui demandaient d'enlever son chapeau, il finira aux oubliettes de l'histoire. Brézé avait tenu bon, cependant. Il avait gardé son chapeau. On ne se découvre pas lorsqu'on représente le roi. Mais le « merde » de l'Ancien Régime à la Révolution n'avait pas d'avenir. Celui de la Révolution à l'Europe des rois est devenu légendaire. Ainsi vont les mots de l'histoire. Les vaincus ont toujours tort !

30.

Les ados, ma fille et moi

Ce n'est pas le questionnaire de Proust, mais si on me demandait : que faisiez-vous à dix ans, je répondrais sans hésiter : je lisais. La Bibliothèque rose, le Club des cinq et le Clan des sept, et plus tard Jules Verne, son *Nautilus*, son ballon et ses îles, Alexandre Dumas et ses mousquetaires, Balzac et sa comédie humaine. Beaucoup de bandes dessinées aussi, Tintin, les irréductibles Gaulois et tous les autres. La suite est venue naturellement.

C'était il y a plus de cinquante ans. Je sais bien que la Seine coule toujours sous le pont Mirabeau, que les paradis perdus n'existent pas et que demain ne sera jamais ce qu'était hier, mais enfin. Voilà des années que l'on peut légitimement s'inquiéter du divorce grandissant des adolescents et de la lecture, tout comme de ce qu'ils ne savent plus grand-chose de notre histoire, tout comme de leur absence manifeste de curiosité pour tout ce qui ne les concerne pas directement. De ce point de vue, il existe un mur de verre entre eux et nous. À l'évidence, la génération à laquelle j'appartiens est beaucoup plus proche de celle qui nous a précédés qu'elle ne l'est de la leur. Je ne suis pas un homme à système et je me garderai bien de mettre toute une classe d'âge dans le même sac. Ce ne serait pas juste. J'ai, à ma grande joie, de très jeunes lecteurs et nous savons tous que les enseignants font de leur mieux… quand ils ne se censurent pas. Je me demande tout de même comment certains jeunes, même parmi les plus militants, réagiraient aux épisodes récents de notre histoire. Que diraient-ils des affiches de Mai 1968, celle par exemple qui représente de Gaulle en ombre chinoise, la main sur la bouche d'un étudiant ? Elles les laisseraient probablement indifférents faute d'en comprendre le contexte. J'en connais un bon nombre qui se fichent pas mal de la politique et ne savent pas très bien ce qui nous est arrivé au siècle dernier, ni la Shoah ni les deux guerres mondiales. D'après un récent sondage, un adolescent sur trois, parmi les 16-24 ans, dit ne rien connaître du génocide juif, ou, pire, avoir des doutes sur sa réalité. Où est passé Paul Nizan et ce qu'il écrivait dans les années 1930, au début d'*Aden Arabie* : « J'avais vingt ans. Je ne laisserai personne dire que c'est le plus bel âge de la vie. » Non pas que les ados d'aujourd'hui aient oublié de se révolter ou de s'engager. Leurs rêves ne sont plus les nôtres.

Je sors d'une longue conversation avec ma fille Gabrielle (24 ans) sur les réseaux préférés des adolescents, leurs addictions, leur rapport au temps, au monde, aux sentiments, à la virtualité. Au moins ai-je encore la chance de pouvoir parler avec ma fille !

À ma grande surprise, elle m'a donné l'impression que cette génération qui la suit pourtant de très près, celle des

13-18 ans, lui était tout aussi étrangère qu'à moi, même si elle en connaît parfaitement les us et coutumes. Comme dirait Astérix à peine arrivé en Égypte, dans *Mission Cléopâtre* : « C'est une autre culture ! » La révolution du Net, des tablettes, des portables et bientôt de l'IA ferait pâlir Gutenberg d'envie. La vraie rupture est celle des enfants nés après 2005, les « iPad Kids » biberonnés aux écrans et aux tablettes, par démission des parents ou tout simplement parce que personne n'est capable d'arrêter l'eau de la mer avec la main. Donc, elle m'a raconté tout ce que je ne savais pas de ce qui occupe la plus grande partie du temps de cette nouvelle génération des réseaux – Instagram, Twitter devenu X par la grâce d'Elon Musk, Snapchat, TikTok – et que j'étais loin d'imaginer.

TikTok par exemple : 800 millions d'utilisateurs dans le monde, 11 millions rien qu'en France. C'est le réseau préféré des préadolescents. Bien sûr, on y trouve de l'invention, des artistes, des goûts, des recettes de cuisine, des imitations et de l'humour, mais de moins en moins. Tout se passe comme si cette application-là, qui existait à peine lorsque les Chinois la rachetèrent sous un autre nom (Musical.ly) en juillet 2018, avait été mise pour toujours sous le signe de Narcisse. Des jeunes se filment en train de danser sur leurs standards préférés, postent des vidéos très courtes (environ 15 secondes) et courent à en perdre haleine après leurs abonnés et leurs « likes », bref un tout petit peu de cette notoriété qui les fait exister virtuellement. Il n'y a presque pas de textes. Les algorithmes de la plateforme, ses influenceurs, la déficience ou l'absence de tout contrôle font que tout cela dérive lentement vers des horizons assez peu ragoûtants. L'argent d'abord. Pour obtenir de nouveaux abonnés auprès des influenceurs les plus suivis – dont on ne sait d'ailleurs pas s'ils ne sont pas eux-mêmes manipulés –, les « tiktokers », comme on les appelle, sont entrés dans un système de troc et de cadeaux sous forme de « stickers » envoyés, échangés ou reçus. J'en demande pardon à mes lecteurs, mais j'utilise un vocabulaire qui ne m'est pas familier. Le sticker « *I am very rich* » par exemple vaut 15 euros. On l'achète sur la plateforme. Cela devient virtuel mais ne l'est pas du tout en réalité. Au passage, la plateforme prélève la moitié de la somme. Le sexe ensuite. Pour être populaire sur TikTok, il faut être beau, sexy et séduisant, surtout les filles. Par imitation, de jeunes préadolescentes de dix ou treize ans en maillots de bain, minishorts et débardeurs finissent par se filmer dans des prestations qui risquent d'attirer – et attirent en effet – des abonnés qui de toute évidence n'ont rien à faire là. Et ne parlons pas des tendances ou des « *Challenges* ». Parfois certains tournent au drame. Je vous conseille d'aller voir. Cela m'évitera d'en dire plus. Le « *Scalp popping* », le « *Fire Challenge* » ou le « *Blue Whale Challenge* » ou cours duquel les joueurs s'engagent à réaliser chaque jour un défi, pendant cinquante jours. Tout cela fait des dégâts, jusqu'au suicide. Mais, cette fois, dans la vraie vie. Nous le savons et nous ne faisons rien. Notre impuissance est patente. Nous sommes un peu comme le maréchal Ney qui, en mars 1815, au retour de Napoléon de l'île d'Elbe, voyait ses soldats se retourner contre lui par régiments entiers. Il avait pourtant promis à Louis XVIII de ramener le « tyran » dans une cage de fer. Je ne souhaite pas cela aux opérateurs de Tik Tok, mais enfin !

31.

Permis de conduire

Depuis la disparition des « trois jours » et du service militaire, il ne reste plus que deux occasions de se frotter à ses semblables et surtout à ceux que l'on a rarement l'occasion de rencontrer autrement. D'abord, pour ceux qui habitent en ville, les assemblées générales de copropriété qui sont en coupe franche, au scalpel des humeurs françaises, les plus balzaciennes des réunions d'égoïsmes et de jalousies sociales. Ensuite et pour ceux qui conduisent (mal), une étrange cérémonie de deux jours, les stages de récupération de ses points de permis de conduire. Je viens de l'expérimenter pour la première fois dans un village de ma campagne de l'Ouest et j'en suis sorti aussi grisé qu'un anthropologue à qui on aurait permis de voyager après de longues années d'enfermement. Il y avait de tout dans mon stage, des chauffeurs routiers, des agriculteurs, des représentants de commerce et même un vétérinaire. Une sorte d'inventaire à la Prévert auquel il n'aurait manqué que quelques ratons laveurs. Je note au passage l'extraordinaire subtilité de l'administration française qui, après vous avoir taxé en vous retirant vos points, vous taxe à nouveau pour les récupérer. Cela m'a fait penser au sketch du paysan de Fernand Raynaud (« ça eut payé ») vantant les mérites de sa nouvelle moissonneuse-lieuse : « Les balles de paille tombent d'un côté, ça ramasse les grains ; par-derrière vous avez une charrue de dix-sept socles, et par-derrière ça resème le blé que vous avez récolté. »

Mais passons et revenons à notre stage. On commence par nous initier aux délices byzantins du Code pénal : les notifications de validation de composition pénale et toutes sortes d'autres cas si nombreux que j'ai pensé un moment m'être retrouvé au milieu d'une bande de (très gentils) repris de justice. « Vérifiez votre dossier », nous intime la dame juriste qui nous encadre. « Ça veut dire quoi, vérifier ? » demande un monsieur assis à côté de moi. On passe ensuite aux confessions façon groupe de parole des Alcooliques anonymes. Comment avez-vous perdu vos points, qui êtes-vous, quel genre de chauffard êtes-vous ? Il y a ceux qui aiment un peu trop la bière, il y a les accros au portable, les impatients, les téméraires ou, comme moi, les grands distraits. Mais personne n'a jamais tort ! « Les Schtroumpfs (*id est* les gendarmes) nous attendaient à la sortie du resto. On a été dénoncés », dit l'un. « Je me suis pris un matelas », dit un autre. Je croyais qu'il avait été victime d'une sorte de krach mou mais pas du tout : un vrai matelas s'était détaché du toit d'une voiture pour atterrir sur son pare-brise. Puis nous avons eu droit à une description détaillée et quasi ontologique de notre pauvre cerveau. Comment séparer le risque du désir et du plaisir ? nous demande-t-on. De quoi me plonger dans des abîmes de perplexité.

De ce dernier (le plaisir), il ne restait plus grand-chose à la fin du stage, sinon la mélancolie de mes souvenirs. Autrefois, la voiture était une chance, l'occasion de notre liberté, elle n'est plus qu'un usage et, pire encore, le signe de notre asservissement. Elle nous surveille, elle nous bipe sans arrêt par les progrès infernaux de l'électronique, elle nous punit et nous corrige. Nous étions les maîtres, nous sommes devenus des esclaves. Ah ! La Simca Beaulieu bleue et blanche de mon père, les cartes Michelin jaunes couvertes de signes et de mystères, les chemins de traverse et la griserie des départs sans idée de retour !

J'avais appris par un lecteur mayennais passionné de vieilles voitures que la première automobile de ma famille – acquise par mon arrière-grand-père en 1905 – était une Tonneau Corre quatre places de type G construite par la Société française des automobiles Corre à Levallois. Le monde d'avant ! Et ma mère me racontait qu'en voyage, la nuit, dans les années 1930, on la faisait monter sur le toit de la Rosengart familiale, une lampe torche à la main, pour déchiffrer les petits panneaux indicateurs bleus placés très haut sur les murs des maisons, à la sortie des villages. Ce n'était pourtant plus l'époque des pionniers. Pour s'en faire une idée, il faut relire les souvenirs de jeunesse de Pauline de Broglie, *Comment j'ai vu 1900*[1]. Ils ont, le temps passant, de plus en plus l'air de

1. Comtesse de Pange (Broglie), *Comment j'ai vu 1900*, t. II, Paris, Grasset, 1965.

tomber de la lune. Elle y évoque ses premières excursions automobiles en Normandie dans la Panhard 12 chevaux de son frère Maurice de Broglie, le futur prix Nobel de physique, comme on parlerait d'un dangereux voyage d'exploration. Nous sommes en 1904. « À cette époque, raconte-t-elle, toutes les routes étaient mauvaises, poussiéreuses, pleines d'ornières et de caniveaux. On s'en allait par les petits chemins entre les haies, d'un village à l'autre. Il n'y avait pas de signalisation, à peine des poteaux indicateurs. Il fallait constamment demander son chemin, consulter l'habitant stupéfait de voir que nous ne savions même pas le nom de son village. Les chiens couraient après la voiture, les chevaux se cabraient dans les brancards, les vaches menaçaient les pneus de leurs cornes, et les oies barraient le passage en rang de bataille. Chaque promenade était une aventure. »

Ne parlons même pas d'aventure. Aujourd'hui, on ne voyage plus, on se déplace. On ne lit plus ses cartes, on se sert du GPS. C'est tout juste si l'on n'a pas oublié la couleur rose de nos anciens permis. Taylor, la voiture de « M. Tout-le-monde », les 18 000 morts de 1972 ont tout changé. Nous n'avons plus la permission de nous évader, nous avons l'obligation de rester en vie.

32.

Les impôts, la dette et la Révolution

En 2023, à la fin du second trimestre, la dette française dépassait largement les 3 000 milliards d'euros et représentait plus de 112 % de notre produit intérieur brut. Les budgets à l'équilibre tiennent du miracle sinon du vœu pieux. Le dernier en date a cinquante ans – en 1974 –, première année du septennat de Giscard d'Estaing. Le déficit de nos comptes publics a beau se résorber (très) lentement : 9 % de notre produit intérieur brut en 2020, un peu plus de 6 % en 2024, il n'en reste pas moins que nous continuons à creuser notre dette comme les frères Dalton leur trou, au pénitencier, dans un album de Lucky Luke. On est loin des 3 % préconisés par Bruxelles après lesquels nous courrons sans trop nous presser. Une situation « parmi les plus dégradées de la zone euro », jugent les sages de la Cour des comptes. Et bien sûr la crise sanitaire de 2020 n'a rien arrangé. Aujourd'hui, les rares analystes financiers qui se risquent à des commentaires alarmistes sont le plus souvent pris pour des oiseaux de mauvais augure quand on ne leur tourne pas carrément le dos. La dette, c'est abstrait, c'est ennuyeux et personne n'a envie de regarder en face les dysfonctionnements de notre système fiscal et social. Sondage après sondage et depuis des années, les Français mettent cette question-là tout en bas de leur liste de préoccupations. Il aura fallu attendre la crise budgétaire de 2024 pour que l'on commence timidement à prendre les choses un tout petit peu au sérieux.

En France, quand ça va mal, on préfère fermer les yeux plutôt que de les garder grand ouverts. On a tort. À chaque crise, on ne réforme pas l'État, on met des rustines et on parle d'augmenter les impôts. Nous avons hérité de la Révolution une culture politique qui ne nous laisse de solution que celle de la table rase. Soit on change tout, soit on ne fait rien. On ne sait ni corriger, ni améliorer, ni amender, quelle que soit la couleur politique des gouvernements qui se succèdent. Les discours de politique générale de Michel Barnier (en octobre 2024) et de François Bayrou (en janvier 2025) en témoignent assez. Comme s'ils s'inscrivaient dans une vieille histoire des bizarreries françaises ! Ils m'avaient fait penser à la couverture d'un journal satirique de la IIIe République. Aristide Briand était alors aux commandes et venait d'annoncer une augmentation fiscale de 30 milliards de francs. Au moins, à cette époque-là (1925), le budget était-il revenu à l'équilibre. On y voit une foule de contribuables apeurés menacés d'un glaive sur lequel sont inscrits les mots : « projets fiscaux ». Et la légende de l'image est sans appel : « L'épée de Damoclès[1] ». Cette épée-là sert encore et elle est de plus en plus tranchante. Il suffirait de prendre le seul exemple de l'impôt sur le revenu, direct et personnel. À l'époque de sa création par le Sénat, le 15 juillet 1914, en prévision des dépenses de la guerre à venir, il touchait pour sa partie progressive entre 3 et 6 % des revenus de 2 % des contribuables les plus aisés. Un rêve ! C'était compter sans les ressources inépuisables de l'imagination administrative. Nous avons beau avoir battu tous les records de taxes, dans l'immense maquis des exonérations partielles et de leurs inévitables corrections, loin de s'améliorer, la situation se dégrade. Notre dette augmente comme une fatalité. Nous dépendons de plus en plus des investisseurs étrangers, les taux d'intérêt ne cessent de monter et la Banque centrale européenne ne peut pas tout. Je sais bien que l'histoire ne se répète jamais, mais enfin la dette, ce n'est pas seulement de la macro-économie, c'est de la politique.

Nous avons déjà connu une situation du même ordre au début de la Révolution. La fragilité de la monarchie ne tenait pas seulement à la sclérose de son administration et aux anachronismes de son organisation fiscale, elle s'expliquait aussi par l'état de dépendance financière dans laquelle elle se trouvait depuis des années. « La France, note un diplomate prussien en 1787, est comme un jeune homme qu'on ne peut libérer de ses dettes, car plus il a de l'argent, plus il a de crédits, plus il en mange. » On croirait la remarque écrite hier ! « Un roi économe, écrit

1. *Aux écoutes*, n° 393, dimanche 29 novembre 1925, dessin de Pedro.

Rivarol, est toujours le maître de ses sujets et l'arbitre de ses voisins ; un roi débiteur n'est qu'un esclave qui n'a ni puissance au-dedans ni influence au-dehors[1]. » Remplacez le mot « roi » par le mot « république » et vous aurez un bon résumé de nos fragilités.

En mai 1789, la dette publique s'élevait à la somme extravagante de près de 4 milliards et demi de livres alors que les recettes de l'État ne dépassaient pas les 470 millions et que les dépenses leur étaient encore supérieures. L'intérêt de la dette représentait le dixième de l'ensemble des revenus agricoles du royaume et plus du tiers des recettes annuelles du gouvernement. Et qui étaient les créanciers de l'État ? Pas des fonds de pensions ou de grands organismes financiers comme aujourd'hui, mais la bourgeoisie rentière des villes, essentiellement concentrée à Paris, une véritable force sociale, active et puissante. C'est en partie elle qui a envoyé les députés du troisième ordre aux États généraux. Elle domine déjà financièrement le gouvernement du roi avant même de le dominer politiquement. Et quelle est la pire des angoisses d'un bourgeois rentier ? C'est la banqueroute.

On comprend dans ces conditions pourquoi, le 17 juin 1789, la toute nouvelle Assemblée nationale commence par mettre les créanciers de l'État « sous la garde de l'honneur et de la loyauté de la nation française ». Mirabeau l'avait déjà dit autrement en un admirable paradoxe : « Le déficit est le trésor de la nation. » On n'a plus confiance dans le roi, on lui préfère l'Assemblée nationale. Elle

1. *Journal politique national*, 1790.

seule, pense-t-on, saura restaurer les finances du royaume. L'insolvabilité chronique du gouvernement de la plus riche nation d'Europe, en créant les conditions de l'une des plus graves crises de confiance financière qu'avait connues le royaume depuis des décennies, a conduit tout droit à la Révolution. Rivarol, encore lui, le dit très bien dans ses mémoires : ce sont les rentiers qui ont fait la révolution dans une France pourtant essentiellement agricole et commerçante. « Le gouvernement, toujours pressé de jouir, toujours dans la détresse, aliéna ses droits, vendit ses revenus, mangea son avenir, et, par une foule d'anticipations et d'opérations forcées, jeta dans son propre sein les fondements d'une puissance ennemie qui le dévore. » Rivarol a fait des émules. Il existe encore aujourd'hui un courant qui, à droite, se méfie de la financiarisation de l'économie et rêve d'un âge d'or sans le moindre *trader*.

Les rentiers triomphent en 1789. Ils s'en mordront les doigts. Ils comptaient sur la nation pour réduire la dette. La nation l'aggrave. Une inflation galopante, la dévaluation du papier-monnaie (l'assignat puis les mandats territoriaux) gagé sur les biens dits « nationaux », c'est-à-dire les biens confisqués à l'Église, aux émigrés et aux condamnés à mort, réduisent d'autant les recettes escomptées sur leur vente. Les gabegies, le poids de la guerre ont fait le reste. Tout cela finit mal, par une loi de réduction des deux tiers de la valeur des rentes, votée sous le Directoire, en septembre 1797.

Il faut attendre la chute de Napoléon et le retour de Louis XVIII, le frère cadet de Louis XVI, en 1814, pour qu'enfin, en France, on se soucie d'orthodoxie budgétaire.

Talleyrand et avec lui son vieux complice l'abbé Louis, le premier grand ministre des Finances des Temps modernes, sont à la manœuvre. Ce sont les premiers depuis la Révolution à se soucier de ce que Talleyrand appelle le « crédit public », à vouloir restaurer la confiance et à tourner le dos à ce qu'il nomme encore les « conceptions misérables » des régimes précédents. « Un État qui veut avoir du crédit, explique l'abbé Louis, doit tout payer, même ses sottises. » On paiera donc les dettes de Napoléon par la vente des dernières forêts d'Église et par la réduction des budgets, à commencer par celui de la guerre. Au risque de déplaire. La mise à la « demi-solde » de près de 20 000 officiers de la Grande Armée n'a pas été sans favoriser, en mars 1815, le retour de Napoléon relégué dans son « carré de choux » de l'île d'Elbe. C'est d'abord l'armée qui s'est ralliée à lui au moment du fameux « vol de l'aigle ». Les politiques de rigueur budgétaire sont rarement populaires !

Tel est le choix qui se présente à nous aujourd'hui. François Fillon, alors Premier ministre, le disait déjà en 2007 : « Je suis à la tête d'un État qui est en situation de faillite. » Et si demain les marchés n'avaient plus confiance dans notre gouvernement et lui préféraient le Fonds monétaire international ? On ne soulignera jamais assez le rôle de la crise financière d'Ancien Régime dans le processus révolutionnaire tout comme dans les bouleversements politiques du XIXe siècle. Aujourd'hui, certains observateurs font un lien entre la crise de nos modernes démocraties et la crise du capitalisme. D'autres, entre la dette française et l'euro. À force de trop compter sur la Banque centrale européenne qui depuis sa création en

1998 a remisé nos politiques de dévaluation et de rigueur aux oubliettes de l'histoire monétaire, nous nous serions laissés aller à notre pente naturelle qui n'a jamais été celle de la sagesse ! Certes, d'un siècle à l'autre, les révolutions changent de nature, mais ce sont toujours des révolutions.

33.

De nos mémoires

L'histoire ne se répète pas. Le contexte général, l'enchaînement des causalités, l'état d'une société, les mentalités, la température et le climat ne sont jamais les mêmes d'une décennie à l'autre. Rien ne ressemble moins à un événement qu'un autre événement. Il n'empêche. Le passé agit parfois sur le présent comme le ferait une chambre d'écho. Nous ne sommes pas tant prisonniers de notre histoire que de nos mémoires, de celles qui nous déterminent et influent profondément sur nos comportements. D'autant plus que nous avons en France une appétence particulière pour les symboles, les commémorations, les promesses. Victor Hugo le dit très bien : « Les grandes dates évoquent les grandes mémoires. À de certaines heures, les glorieux souvenirs sont de droit[1]. » Il n'est pas un biographe qui puisse se dispenser d'étudier

1. Exorde du discours prononcé par Victor Hugo le 24 février 1848 à l'inauguration de la tombe de Ledru-Rollin, reproduit dans *Actes et Paroles*, IV.

les rapports qu'entretient son personnage avec le temps. Il en va de sa psychologie et de la construction même de sa vie.

Les députés des États généraux de 1789 ont vécu ces derniers en pensant constamment à ceux de 1614. Sous la Régence, Saint-Simon pointait déjà dans ses *Mémoires* les risques qu'une nouvelle convocation des États pouvait faire courir à la monarchie. Au XIXe siècle, toutes nos révolutions se sont copiées les unes les autres. En février 1848, on avait les yeux braqués sur les temps héroïques de 1789. On plantait des arbres de la Liberté, on fêtait la Fraternité comme on l'avait fait à Paris et dans tout le pays en juin et en juillet 1790. Au point qu'Hugo, encore lui, n'y voyait qu'une parodie, une sorte de travestissement du passé. « J'aime mieux 93 que 48. J'aime mieux voir patauger les titans dans le chaos que les jocrisses dans le gâchis. » Ce n'est pas un hasard si Louis-Napoléon Bonaparte fait son coup d'État un 2 décembre et s'il se fait proclamer empereur le 2 décembre de l'année suivante, en 1852. Le 2 décembre, c'est Napoléon à Notre-Dame, c'est la victoire d'Austerlitz. En mars 1815, les jeunes gardes du corps qui accompagnent Louis XVIII sur les routes de l'exil au retour de Napoléon de l'île d'Elbe sont hantés par le souvenir de la fuite à Varennes et de l'arrestation de Louis XVI le 21 juin 1791. Aucun d'entre eux n'a vécu l'événement et cependant celui-ci les habite.

On pourrait multiplier les exemples. Dans son *Coup d'État permanent*, François Mitterrand compare les débuts de la IVe République à ceux de la Restauration, en 1814, « une halte vers laquelle on retourne par des chemins sans surprise ». Il n'en avait pas vu la très grande modernité, tout comme Nicolas Sarkozy avait oublié la catastrophe de Waterloo lorsqu'il s'était donné « cent jours », en mai 2007, pour mettre en œuvre « le mandat du peuple ». Aujourd'hui, tout le monde a ses cent jours. Gabriel Attal les a même fêtés à Matignon en avril 2024 sans se douter une seconde des orages à venir. Peut-être pensait-il cette fois aux cent premiers jours du *New Deal* de Roosevelt en 1933, dans une Amérique meurtrie par le krach de 1929. L'arrivisme ne connaît pas les frontières. Parfois la mémoire s'empare de l'histoire et la submerge. On évoque le passé tout en l'oubliant quand on ne le défigure pas volontairement. Il en est qui auront toujours la tentation des photos retouchées de l'ère soviétique. George Orwell n'est jamais loin : « Celui qui a le contrôle du passé a le contrôle du futur ; celui qui a le contrôle du présent a le contrôle du passé[1]. »

Nous sommes encore loin en France des raffinements totalitaires de la mémoire. Et pourtant ! On commémore à tour de bras, on réécrit sans cesse l'histoire par la loi, au risque de gêner le travail des historiens. Je pense, entre autres, aux lois « mémorielles », Gayssot sur le racisme en 1990, Taubira sur l'esclavage en 2001, Michèle Alliot-Marie sur la colonisation en 2005, qui toutes mettent l'histoire du côté de la morale et disent le bien et le mal. Au point de susciter l'indignation d'un certain nombre d'historiens qui, en décembre 2005, signent un

1. George Orwell, *1984*, Gallimard, 1950.

manifeste « Liberté pour l'histoire ! » et parlent même, à propos des lois mémorielles, de « stalinisme de la pensée » (Pierre Nora).

Il n'est pas un dirigeant, qu'il soit de droite ou de gauche, qui ne se serve du passé à des fins politiques ou qui, tout simplement et de plus en plus, en use sans le connaître. Les exemples les plus récents se ramassent à la pelle. Il n'est même pas besoin de se baisser. La déclaration anachronique d'Emmanuel Macron sur la colonisation en Algérie traitée de « crime contre l'humanité », les appels de Jean-Luc Mélenchon, place de la Bastille en mars 2012, à « l'insurrection civique » et à une « révolution citoyenne » qui serait en tout point semblable à celle de 1789 ou de la Commune de Paris, le « Nouveau front populaire » de juin 2024, si différent de celui de 1936, Marie-Antoinette en robe rouge à la Conciergerie sa tête entre les mains le jour de la cérémonie d'ouverture des Jeux de Paris pourtant consacrés aux femmes et à la fraternité universelle sont autant de balbutiements de la mémoire. Ils sont à l'Histoire ce qu'un slogan est à une affiche publicitaire. On en appelle aux mythes et aux symboles, on les déforme au besoin, on montre l'adversaire du doigt et on lui donne les allures monstrueuses d'une tête d'expression. Tout cela n'est pas nouveau, du bolchevique hirsute le couteau entre les dents des affiches anticommunistes de 1919 au rat maléfique de la « Vermine fasciste » des sérigraphies de l'atelier populaire des Beaux-Arts en mai 1968.

« L'ennemi », quelle qu'ait été sa réalité, a cela de génial qu'il a toujours servi de plus petit dénominateur commun à des forces prêtes à s'entredéchirer. Depuis les coalitions européennes du Consulat et de l'Empire contre le « tyran » Bonaparte jusqu'aux démocraties occidentales de la guerre froide face au péril soviétique. Enlevez le danger, qu'il soit réel ou imaginaire, c'est le désordre ! Décidément, l'Histoire sert à tout, encore faut-il ne pas s'essuyer les pieds dessus !

34.

Les bonnes résolutions

On se souhaite la bonne année sous le gui, on trinque, on s'embrasse, et, aux douze coups de minuit, à peine a-t-on mis les pieds dans celle qui commence que celle qu'on vient de quitter s'évapore comme neige au soleil, et avec elle nos bonnes résolutions. On s'était pourtant juré de ne pas récidiver, d'être différent de celui qu'on était. Tous les ans en décembre, je me promets d'arrêter de fumer, d'arriver à l'heure à mes rendez-vous, de mieux m'occuper de mes amis, de dîner plus souvent avec ma fille, et tous les ans cela recommence. J'ai tout oublié. Peut-être a-t-on besoin de se pencher ainsi sur ses travers pour mieux les exorciser. Après tout, le passage d'une année à l'autre n'est pas ce qui peut nous arriver de mieux et nous savons pourquoi.

Je me suis amusé à réécouter ce que disaient nos présidents de la République de l'année nouvelle dans leurs traditionnels vœux télévisés. Sous de Gaulle, cela commençait par un zoom de nuit sur les fenêtres éclairées de l'Élysée. Le Général était à son bureau, grave, en plan rapproché.

Giscard, lui, est assis au coin du feu, détendu, dans un fauteuil confortable, quand il n'est pas avec sa femme. Sarkozy est debout sur fond de jardin, Hollande aussi, mais sans aucun fond. « Chers amis », disait le président Coty en 1957. « Mes chers compatriotes », dit François Hollande. De Gaulle souhaitait une « bonne année à la France ». Giscard aussi, mais sur un ton faussement familier qui aujourd'hui encore me laisse rêveur : « Adieu donc 1974, et salut à toi, 1975. » Ce n'est qu'à partir de Chirac que les vœux élyséens se terminent par le désormais traditionnel : « Vive la République et vive la France. » Il n'était pas question de république avant lui comme si désormais cette dernière avait besoin de s'énoncer pour exister. Bref, les présidents passent, la mise en scène change.

Ce qui ne change pas en revanche, au-delà de la variété des thèmes abordés selon les circonstances primesautières de nos soixante dernières années, c'est l'extraordinaire cécité qui à chaque fois s'empare de nos chefs d'État au moment de prononcer leurs vœux. Si leurs intentions avaient été de transformer leurs bonnes résolutions politiques en prédictions infaillibles et triomphantes, ils en auraient tous pris pour leur grade. N'est pas qui veut la pythie du temple de Delphes. Les plus extraordinaires de ces vœux d'aveugle sont encore ceux du général de Gaulle le 31 décembre 1967. Il avait 77 ans. Aujourd'hui, nous connaissons la suite : les événements de mai, la grève générale, les barricades et Baden-Baden. De Gaulle ne le savait pas. « Que sera 1968 ? L'avenir n'appartient pas aux hommes et je ne le prédis pas. Pourtant, en considérant la façon dont les choses se présentent, c'est vraiment avec confiance que j'envisage pour les douze prochains mois l'existence de notre pays. » Et de citer les vers émerveillés de Verlaine : « Mon Dieu, mon Dieu, la vie est là, simple et tranquille[1]. » Et de saluer l'année à venir avec « sérénité » et « satisfaction » tout en souhaitant que celle-ci « fasse honneur à la France ». Nul n'est prophète en son pays, pas même l'homme du 18 Juin.

Cela continue, de Pompidou à Giscard et de Sarkozy à Hollande, avec tout de même cette étrange inquiétude, sinon une certaine lassitude d'avoir à gouverner un pays ingouvernable. Ainsi Giscard de relever « ce trait de caractère qui nous conduit à la critique incessante », et Mitterrand de se moquer gentiment de ces « Français si prompts à la querelle », sans même parler des « Gaulois réfractaires » d'Emmanuel Macron. Pour une fois, on ne peut leur reprocher de manquer de lucidité.

Ainsi passent les années et les mandats, vœux après vœux, espoir après espoir. Ceux qui me touchent le plus sont ceux de Pompidou en 1973 et de Mitterrand en 1994. Ces deux-là savaient qu'ils allaient mourir. S'ils se ressemblent un peu, c'est par le courage de la maladie. « Face à cela, il a tenu, disait Mitterrand de son prédécesseur, et c'est à ce signe que l'on reconnaît un homme d'État[2]. » Leurs vœux sont presque testamentaires. Leurs résolutions n'avaient plus lieu d'être puisqu'elles touchaient déjà à l'au-delà. Je me souviens encore de Pompidou, le

1. Verlaine, « Le Ciel est par-dessus le toit », dans *Sagesse*, 1880.
2. Éric Roussel, *C'était le monde d'avant. Carnets d'un biographe*, éditions de l'Observatoire, 2023.

visage boursouflé par la cortisone, promettant d'exercer jusqu'au bout ses responsabilités. Et Mitterrand, terriblement vieilli, annonçant presque sa fin : « L'an prochain, ce sera mon successeur qui vous exprimera ses vœux. Là où je serai, je l'écouterai. » Et d'ajouter en homme qui marchait vers la tombe : « Je crois aux forces de l'esprit et je ne vous quitterai pas. » Ces mots-là que je relis presque trente ans plus tard ne cesseront pas de me toucher.

35.

Les idées et les intérêts

Albert Thibaudet s'amusait dans ses *Idées politiques de la France*, publiées en 1932, à comptabiliser les « idées » supposées être toujours de gauche, et les « intérêts » supposés être toujours de droite. Les unes auraient par nature vocation à être progressistes, les autres relèveraient d'une sorte de « traditionalisme » politiquement déclassé, dont la formulation avait déjà été donnée en 1814 par un publiciste moins connu encore que Thibaudet, un certain Rocques de Montgaillard. Il se moquait alors, à la chute de Napoléon, de tous ceux anciens émigrés revenus en France plus où moins tardivement après la révolution, petits hobereaux de province terrés prudemment chez eux sans avoir rien fait, en disant qu'ils n'avaient « rien appris » de la Révolution et « rien oublié » de l'Ancien Régime.

On eut tendance, par la suite, à appliquer cette formule un rien lapidaire et définitive à l'ensemble de la période qui s'ouvrait alors sur les décombres du grand Empire napoléonien, mieux connue sous le nom de

Restauration. Une restauration, c'est forcément le retour à un ordre ancien. Et en effet, à Napoléon succède un vieux fantôme, le rejeton d'une famille que l'on croyait remisée aux placards de l'histoire depuis l'exécution de Louis XVI, place de la Révolution, le 21 janvier 1793. D'autant plus qu'à la différence de son aîné le cadet refusait en 1814 de se faire appeler Louis-Stanislas-Xavier roi des Français, mais Louis XVIII roi de France et de Navarre en vertu de ses droits héréditaires de succession au trône, à la mort officielle, à la prison du Temple, en 1795, de son neveu, le petit Louis XVII. Comme si ce dernier avait régné, comme si lui-même n'avait pas erré en exil à travers toute l'Europe pendant près d'un quart de siècle, comme si la Révolution, le Directoire, le Consulat, l'Empire, n'avaient jamais existé. C'est sur cette affirmation d'une souveraineté monarchique conservée intacte dans la gloire d'une légitimité où se mêlent le droit divin, l'hérédité et l'histoire, qu'on criera très vite au retour d'un Ancien Régime qui n'en aurait toujours pas fini d'agoniser, vingt-cinq ans après la Révolution, vingt-cinq ans après la victoire du peuple souverain.

En grattant un peu, on s'aperçoit cependant que les couleurs de l'Ancien Régime cachent une réalité politique très pragmatique et étrangement moderne. Derrière cette réalité, on retrouve un groupe d'hommes qui, avec l'assentiment du souverain – si fin politique qu'il en mourra dans son lit et sur son trône, à la différence de beaucoup d'autres –, vont tenter de trouver les voies nouvelles d'une réorganisation des principes étatiques, comme de la pratique politique, sur l'idée somme toute assez sommaire qu'un État n'est viable que lorsqu'il est capable d'admettre l'intrusion du temps dans son organisation. Ces hommes sont un peu les héritiers des monarchiens de l'Assemblée nationale qui, en 1789, avaient déjà cherchés, sans succès, une sortie à la Révolution en protégeant la prérogative royale tout en la flanquant d'assemblées représentatives calquées sur le modèle anglais. En 1814, ces hommes qui, pour une bonne part, ont siégé sur les bancs des assemblées révolutionnaires, ont survécu à la Terreur et ont servi l'Empire ne sont pas des théoriciens mais des praticiens de la politique. Ils ne se réclament d'aucune idéologie, comme le feront à leur droite les nostalgiques d'un Ancien Régime maintenu dans toute sa pureté, ou à leur gauche, les apprentis sorciers de la table rase. Ils auraient probablement pu dire avec Talleyrand qu'une bonne constitution est nécessairement « courte et obscure », qu'elle doit laisser suffisamment de souplesse à la pratique, de sorte que celle-ci puisse évoluer à la lumière de l'expérience, sans pour autant transiger sur l'essentiel. Ce sont eux, en effet, qui redonnent vie aux « droits des Français » qu'on avait un peu oubliés depuis 1789, en leur accordant toute leur place dans la constitution « octroyée » par le roi à la nation en juin 1814 – à laquelle ils ont largement participé. Ces droits nous paraissent aller de soi aujourd'hui, mais ne l'étaient pas à l'époque. Ce sont les acquis sociaux de la Révolution, l'égalité civile, toutes les libertés, d'expression, de réunion, de conscience religieuse, l'indépendance de la justice, la participation de deux chambres, dont l'une est élue et représentative, au processus de fabrication de la loi, l'inviolabilité des propriétés y compris celles du clergé et des émigrés qui avaient été vendues sous la Révolution comme biens nationaux.

Non seulement, ils ont contribué à mettre en place les bases institutionnelles, politiques et sociales d'un régime qui bon an, mal an, allait perdurer jusqu'en 1848, à la nuance près de quelques modifications apportées en 1830 – ce qui constitue un record de longévité depuis la Révolution – mais ils allaient la mettre en œuvre dans la pratique, en louvoyant au plus près entre les deux pôles antagonistes de l'ordre et de la liberté. Ces hommes politiques, à la fois conservateurs et pragmatiques, sont bien oubliés aujourd'hui. Ils sont de ceux qui ne se laissent aveugler ni par les paradis perdus ni par les lendemains qui chantent. Les rapports qu'ils entretiennent avec le temps diffèrent radicalement de ceux de leurs adversaires : les ultraroyalistes pétrifiés dans le passé, les républicains égarés dans un épais brouillard d'utopies et d'avenir. Qui se souvient du discours du futur président du Conseil et favori de Louis XVIII, Élie Decazes, à la Chambre des députés en décembre 1817, par lequel il énonçait les termes d'un programme politique censé mettre fin à la Révolution, en une formule lapidaire : « royaliser la nation, nationaliser le royalisme » ? Le propos pourrait tout aussi bien se décliner aujourd'hui en ces temps orageux de quasi-crise de régime : « démocratiser la république, républicaniser la démocratie ». Cela nous changerait de nos éternelles et déprimantes discussions gérontocratiques sur les retraites.

Derrière la séduction du paradoxe de Decazes se cache en réalité une sorte d'empirisme clairvoyant à l'aune de ce qu'écrivait un autre de ces hommes des débuts du XIXe siècle, le comte Beugnot, l'un des constituants de 1814 : « Rien n'est fait si le roi ne reconnaît pas que le sort de sa dynastie est attaché à ce qu'on le voie constamment à la tête des intérêts de la nation et sans jamais examiner comment ces intérêts sont nés et d'où ils viennent. Il suffit qu'ils existent. Les contrarier serait se perdre ; se traîner après eux serait se dégrader ; se placer à leur tête, c'est régner. » Ou gouverner, si l'on préfère. Il y a là toute une conception de la politique qui n'est pas plus de droite que de gauche : se taire sur le passé et ses fantômes, aller de l'avant, agir au mieux des intérêts et des aspirations du plus grand nombre. Sous la Restauration, le « plus grand nombre » – dans le sens économique et non pas arithmétique du terme – est représenté par la petite et moyenne bourgeoisie qui paie la patente et l'impôt foncier et représente pour une bonne part le pays légal en participant aux élections. On leur fera donc des concessions en leur accordant un système électoral, national et local, aussi avantageux que possible, en les laissant s'exprimer à travers les organes d'une presse libre, en les laissant participer au fonctionnement de la justice par l'institution des jurés, en favorisant leur ascension aux dépends de l'arbitraire dans l'administration et dans l'armée, en encourageant les initiatives privées dans la banque, l'industrie, le commerce, l'éducation. Bref, en choisissant systématiquement le mérite au privilège, l'individu à la communauté et au groupe. Cette expérience politique, qui s'accommode naturellement d'une parlementarisation progressive du régime, n'a duré que quelques années, en 1817-1820, puis à nouveau au début des années 1830. Elle n'en a pas moins été marquante. Elle a été combattue, voire battue en brèche, par des forces politiques puissantes, réactionnaires ou progressistes. C'est cette même expérience que l'on retrouve lors des débuts chancelants de ce qui s'appellera par la suite la Troisième République, dans les années 1870, et encore après la Seconde Guerre mondiale.

Elle ne respire et n'est vivante que lorsqu'elle évolue dans le mouvement. Elle s'éteint nécessairement lorsqu'elle bascule dans la résistance. Elle participe au fond d'un principe conservateur assez simple et qui s'applique à tous les temps : si l'on veut éviter une révolution, mieux vaut avoir le courage de la faire soi-même. « Les constitutions ne sont pas des tentes dressées pour le sommeil », notait déjà le député doctrinaire Pierre-Paul Royer-Collard à la tribune de la Chambre des députés en mai 1820. Je ne crois pas à la formule du prince Salina dans *Le Guépard* de Luchino Visconti : « Que tout change pour que rien ne change. » On revient rarement sur ce à quoi l'on a renoncé. Et peu importe la part des calculs et celle des idéaux.

36.

Versailles à cheval

Nous avions rendez-vous à cinq heures du soir, entre chien et loup, devant la porte du pavillon de l'aile nord du château de Versailles. Il faisait froid. Le ciel était gris, presque noir, et faisait ressortir d'autant l'or des grilles et la dentelle des toitures de la Cour de marbre. Nous étions là à contretemps, alors que le gros de la foule compacte des touristes était en train de quitter les lieux dans un brouillard de mots venus du monde entier, comme si Dieu avait voulu les punir une deuxième fois de l'orgueil de Babel. Nous étions invités par une amie conservatrice, avec les cavaliers de Bartabas, à une visite nocturne de la plus étonnante exposition jamais consacrée au cheval : *Le Cheval en majesté*[1]. Un choc. La gloire, les guerres et la diplomatie, les voyages, la Cour et les spectacles, l'exotisme, les mythes et les légendes.

---

1. Au château de Versailles du 2 juillet au 3 novembre 2024, en lien avec les épreuves équestres des jeux Olympiques de Paris. Le catalogue de l'exposition (2024) est coédité par le Musée des châteaux de Versailles et de Trianon, et les éditions Lienart.

Des chevaux par centaines, quelque part entre l'histoire des rêves et les rêves de l'histoire. Ils étaient tous là, venus du fond des âges, si aimés des hommes qu'on les avait représentés comme on l'aurait fait du portrait d'un prince : les préférés de Charles XII de Suède, des gris, des bais, des alezans, des rouans gentiment cabrés dans des paysages de sous-bois, ceux de la reine Victoria, des rois et des reines équestres, des charges de cuirassiers, Bonaparte au Grand-Saint-Bernard et Lady Godiva nue sur un étalon dans les rues de Coventry, des mors, des étriers, des harnais et des caparaçons de brocard aux allures de conte des *Mille et Une Nuits*. Et tout au bout de la galerie des Glaces, à l'époque de Florence et des Médicis, le portrait lunaire et fantastique d'un enfant en costume de parade monté sur un immense destrier blanc à la crinière flottante et si longue qu'on avait dû l'attacher à une boucle de sa selle.

Il nous est difficile d'imaginer aujourd'hui à quel point le cheval était au cœur de la vie des hommes, leur plus belle conquête certes, mais surtout un compagnon de tous les jours et de tous les instants avant qu'on ne le relègue après la Première Guerre mondiale au sport et aux loisirs. À l'époque des rois plus de 1 000 personnes travaillaient aux deux écuries de Versailles, la petite et la grande. Les chevaux sont partout sous l'Ancien Régime, en représentation ou au travail. Ils coûtent cher, plusieurs centaines de livres pour les plus prisés. « Courir la poste » sur de longues distances est un luxe. Pierre-Joseph Macquer, chargé en 1769 par le ministre du roi Bertin pour le compte de la manufacture de Sèvres de découvrir du kaolin dans la région de Bordeaux, débourse près de 3 200 livres pour ses 90 jours de voyage, soit l'équivalent de deux années de location d'un hôtel particulier meublé à Paris. Il change 212 fois de chevaux[1] ! J'avais eu l'occasion il y a quelques années de travailler sur ceux de la comtesse du Barry, la dernière maîtresse de Louis XV. Au début des années 1770, au temps de sa grande faveur, elle n'emploie pas moins d'un piqueur, trois cochers, deux postillons et sept palefreniers au service de ses écuries. Les voitures que lui livre son sellier Lespine, « à l'allemande à six », « au diable », « à la gondole », peuvent coûter jusqu'à 10 000 livres. Ses chevaux de selle viennent presque tous d'Angleterre. La mode est à l'anglomanie. C'est un gentilhomme anglo-irlandais, un peu espion sur les bords, Nathaniel Parker-Forth, qui organise en 1775 les premières courses « anglaises » (*point to point*) dans la plaine des Sablons, au bois de Boulogne. On courra par la suite au Champ-de-Mars puis à Fontainebleau et dans le parc du château de Vincennes. Le comte d'Artois, le frère cadet du roi, le comte de Lauraguais, le duc d'Orléans en ont la passion. On joue gros, on se bat pour ses couleurs, on empoisonne de temps en temps les chevaux des adversaires. C'est en allant soutenir l'un de ses champions à Vincennes, alors qu'il traversait le faubourg Saint-Antoine, que le duc d'Orléans, futur « Philippe-Égalité », est acclamé par la foule des émeutiers qui viennent de piller la fabrique de

1. D'après ses carnets de comptes qui n'ont aucun secret pour Antoine d'Albis, le grand spécialiste de la porcelaine de Sèvres.

papier peint du riche entrepreneur parisien Jean-Baptiste Réveillon, le 28 avril 1789. On aurait vu le prince et cousin du roi descendre de voiture et distribuer de l'argent aux cris « Vive notre père d'Orléans ! », « Vive le tiers état ! ». La Révolution est en marche.

Jusqu'à la fin du XIXe siècle, les équipages, la chasse, les courses, la passion généalogique des origines et de la race étaient les signes ostensibles du prestige nobiliaire quand les « chevaux de peine », d'attelage, de louage, de halage ou de labour concouraient au travail de l'immense majorité de la population. Il n'y aurait eu ni vie ni force motrice sans eux avant que l'on invente la machine à vapeur et surtout le moteur à explosion. On les entraperçoit somptueusement peints par Adam Frans Van der Meulen en train de tirer à six le carrosse de Louis XIV dans la campagne de Clagny ou par Pierre-Denis Martin, modestement au repos, à Versailles, tout juste dételés des chariots de pierres destinées aux embellissements du château, en 1722, l'année où Louis XV s'y réinstalle[1]. Il faut relire les trois beaux volumes de Daniel Roche sur la culture équestre de l'Occident, du XVIe au XIXe siècle, pour comprendre leur importance[2].

La fin du cheval, c'est la fin d'une époque. Pauline de Broglie, encore elle, qui raconte ses souvenirs d'enfance à la Belle Époque, n'imaginait pas une seconde, en 1900,

1. Le premier tableau est conservé au musée des Beaux-Arts d'Arras, le second, au château de Versailles.

2. Aux éditions Fayard, de 2008 à 2015.

qu'elle était imminente. « Il faut se rendre compte de la place tenue par le cheval dans la vie et dans les conversations de tout le monde aussi bien à la ferme, au château ou dans l'hôtel parisien. On visitait les écuries comme on montrerait son salon ; les selleries impeccables, les belles voitures. [...] Avoir un bon cocher était plus important qu'un bon cuisinier. Un cheval malade ou blessé était un drame. Acheter un cheval était une affaire sur laquelle on consultait tous ses amis [...]. On ménageait ses propres chevaux. Souvent chez nous on prenait des chevaux de louage pour aller plus loin. Les hommes circulaient encore beaucoup à cheval même en ville et il y avait des allées cavalières dans beaucoup d'avenues de Paris [1]. »

Je suis sorti de l'exposition de Versailles la tête pleine de songes et j'ai pensé aux chevaux de mes livres d'histoire, Bucéphale à la bataille d'Hydaspe, Marengo, le pur-sang arabe ramené d'Égypte que Napoléon montait à Austerlitz et puis L'Ami, le cheval gris d'Alexandre Ier de Russie que l'on voit dans un tableau de l'Allemand Jean Zippel, exposé au musée Carnavalet. Il caracole devant la porte Saint-Denis le jour de l'entrée des Alliés à Paris, en avril 1814, après un quart de siècle de guerres révolutionnaires. Les chevaux ne savent rien des intentions de leurs maîtres. Ils sont beaux du côté des vainqueurs comme de celui des vaincus. À chacun leur destin. Beaucoup sont morts dans d'atroces souffrances par la faute des hommes, à force de guerres et d'ambition.

1. Comtesse de Pange, *op. cit.*, 1965, p. 151-152.

Si je les regarde en historien, je les aime surtout en cavalier. Parfois, ils me font signe. J'avais été invité en 2007, à Saint-Pétersbourg, pour le bicentenaire de la paix de Tilsit. À cette occasion, on m'avait conduit à quelques kilomètres de là au fond du parc de Tsarkoïe Selo, visiter un étrange cimetière abandonné par les Soviétiques et en partie restauré depuis, grâce à la persévérance de Jean-Louis Gouraud, un Français amoureux de chevauchées. L'endroit avait été créé en 1826 par le tsar Nicolas Ier et portait alors le beau nom d'« Hôtel impérial des chevaux invalides ». On y voit des écuries dans un grand bâtiment de briques rouges et tout à côté une centaine de plaques grises à demi enfouies dans l'herbe qui chacune marque l'emplacement des chevaux les mieux aimés des tsars, jusqu'à Nicolas II. On peut y lire dans une belle écriture cyrillique, leurs noms, leurs dates de naissance et de mort et, pour certains, le récit de leurs exploits. À ma grande surprise, on m'y avait montré celle de L'Ami, le cheval d'Alexandre Ier, qui avait achevé sa vie là et que je connaissais déjà.

Les rencontres les plus inattendues sont souvent les plus belles. On construit bien des cimetières pour les chiens, pourquoi pas pour les chevaux ? Celui-là est unique. Comme s'il nous disait quelque chose de la fidélité des hommes, ou de leurs remords de ne pas l'avoir été assez.

37.

L'Empire de mon enfance

Ma mère avait conservé de ses années d'enfance plusieurs daguerréotypes de sa maison de famille, en Lorraine, près de Metz. Tous les ans elle y passait ses vacances, une sorte de mois d'août enchanté à la Elizabeth von Arnim (*The Enchanted April*) dans une campagne encore rurale, mangée par la forêt et les souvenirs de guerre, où les routes étaient bordées de mirabelliers et les villages sagement alignés le long de leur unique rue. C'était, à Pange, une grande bâtisse construite sous Louis XV au temps des fermiers généraux, le long de la Nied française.

Sur l'une de ces plaques de verre, on pouvait voir, à l'angle de l'un des salons de la maison, une immense statue de marbre, raide et sévère à la façon de celle du commandeur dans *Don Juan*. Je ne sais plus qui l'avait sculptée, mais je sais qu'elle représentait l'un de mes ancêtres, Georges Mouton, le fils d'un aubergiste de Phalsbourg, un volontaire de 1792 qui, à force de blessures et de batailles, avait fini par s'élever jusque dans l'entourage de Napoléon dont il était devenu l'aide de camp avant de s'illustrer à la bataille de Landshut peu avant Wagram, en emportant la ville de vive force à la tête des grenadiers du 17e de ligne sur les Autrichiens qui la tenaient. Comme à Arcole et selon la légende, il lui avait fallu franchir un pont sous le feu ennemi. Je ne sais pas s'il tenait un drapeau comme on le fera tenir au jeune général Bonaparte des campagnes d'Italie, mais enfin ! À chacun son pont. Puis, à Essling, il avait couvert la retraite de l'armée sur l'île de Lobau, il avait marché dans les neiges de Russie, combattu dans les plaines d'Allemagne et avait fini prisonnier des Anglais au soir de la bataille de Waterloo après avoir plus longtemps que de coutume retenu les régiments de Blücher qui déboulaient inexorablement sur la droite de l'armée française. Plus tard, j'avais lu *Les Châtiments*, les renforts qui n'arrivent pas, et Napoléon l'œil vissé à sa lunette :

Soudain joyeux, il dit : Grouchy ! – C'était Blücher !
L'espoir changea de camp, le combat changea d'âme.

Je tiens de ma mère le premier mot que j'appris de Napoléon. Il l'avait prononcé, me disait-elle, à Essling avant de faire de l'ancien boulanger de Phalsbourg un comte d'Empire : « Mon mouton est un lion. » On a les mots de famille qu'on peut ! Cette fierté-là n'était pas partagée. Mon arrière-grand-père avait beau descendre de la fille unique de l'ancien général d'Empire, il était royaliste. La statue du comte de Lobau lui rappelait de mauvais souvenirs. Il l'avait fait casser en petits morceaux et jeter dans la rivière pour n'en plus parler. À l'occasion de l'un de mes séjours d'enfant à Pange, je me souviens qu'on avait retrouvé l'une des mains en marbre du pauvre général, tristement enfoncée dans la vase.

Ce n'était pas la « Vénus d'Ille » de Mérimée, mais tout de même, ces restes d'empire brisé m'avaient fait rêver. Je n'étais pas insensible alors aux charges des hussards de Crabbé, ni au ronflement des canons du général Ruty, à Waterloo. Les images de mes livres d'histoire, l'incontournable Malet et Isaac, m'ont marqué à jamais : les drapeaux du général Rapp à Austerlitz, Davout à Auerstaedt et puis les dernières batailles : Napoléon sur son cheval gris dans les champs détrempés de Craonne, en 1814. Nous habitions à la campagne, non loin du Lude, aux confins du Maine et de l'Anjou et mes parents me conduisaient souvent au son et lumière – le plus célèbre de France à l'époque – de l'ancien château de Jean Daillon. Je ne sais plus quel propriétaire de l'endroit, un Talhouët, je crois, avait servi dans la Grande Armée et on avait imaginé de faire figurer dans le spectacle, le long de la terrasse qui domine le Loir, des grenadiers de l'Empire éclairés à mesure. Chacun portait un drapeau et c'étaient ceux des victoires de Napoléon dont les noms prononcés l'un après l'autre sonnaient comme autant de triomphes. J'étais émerveillé.

Tout cela se mélange dans ma mémoire avec mes premières lectures des romans de Balzac : le colonel Chabert enterré vivant à Eylau et le « sacré coucou » des récits du sergent Goguelat dans *Le Médecin de campagne*. J'avais été fasciné surtout par l'une de ses nouvelles les moins connues, *Adieu*. Balzac y met en scène une jeune femme amnésique et folle, Stéphanie de Vandières, dans une propriété des environs de Paris, au début de la Restauration. Sa démence remontait au temps de la retraite de Russie, alors que, à demi noyée au passage de la Bérézina, elle avait été sauvée par miracle, mais ne s'en était jamais remise. Depuis, son amant, Philippe de Sucy, n'avait eu de cesse de lui faire recouvrer la raison. À bout de ressources, il avait eu l'idée de rejouer la Bérézina, d'en reconstituer le décor dans sa propriété et d'y faire venir sa maîtresse. Prise de terreur, et brutalement revenue à elle, celle-ci en était morte avant que Sucy lui-même se suicide.

L'Empire a eu très vite pour moi des airs de gloire éteinte, de chant du cygne et de catastrophe. Et puis tout cela finissait par sentir un peu le corps de garde et le parvenu à la façon du capitaine de Borodino, ce descendant imaginaire d'un maréchal d'Empire dont Proust s'amuse dans *La Recherche* en lui faisant choisir l'étoffe d'un pantalon pour son escadron d'un air aussi inspiré que Talleyrand en train de signer un traité ou qu'Alexandre en train de gagner une bataille. Et monter à cheval en donnant des ordres « d'une noblesse de gestes étudiés », comme s'il entrait « dans quelque tableau historique » et « partait pour une bataille du Premier Empire », alors qu'il rentrait simplement chez lui.

À dix-huit ans, je n'avais pas encore lu, comme Julien Sorel perché sur son arbre, le *Mémorial de Sainte-Hélène*. Je n'étais pas plus sensible aux « masses de granit » de Napoléon, aux beautés du Code civil, à la majesté des préfets, à l'intelligence des « aigles » du Conseil d'État.

Ces découvertes-là sont venues plus tard, à l'époque de mes études, et avec elles, un goût prononcé pour le libéralisme, Benjamin Constant, Mme de Staël et les débuts réussis de la Restauration qui après l'Empire a été le régime le plus original, le plus pacifique et le plus modéré d'Europe. On se souvient des propos de Guizot en ouverture de ses *Mémoires*. « Sous la Révolution, on se battait ; sous l'Empire, on se taisait ; la Restauration avait jeté la liberté au sein de la paix. »

J'ai regardé l'Empire à la lumière de cette période. Je n'en ai pas aimé la part autoritaire et surveillante, et pourtant, je me suis rendu en partie aux raisons de l'homme extraordinaire qui l'avait fondé. La Charte constitutionnelle du 4 juin 1814 octroyée par Louis XVIII à ses peuples, qui consolide les promesses sociales et politiques de 1789, n'aurait sans doute jamais vu le jour sans les grandes mesures prises sous le Consulat : le franc Germinal, l'amnistie des émigrés, les codes, les lois concordataires. Bonaparte était encore ce « général civilisateur » cher à Stendhal, avant qu'il ne devienne Napoléon. Cela a duré quatre ans, de la mise au pas des Conseils du Directoire en novembre 1799, au sacre de 1804. C'est cet homme-là qui m'intéresse, celui qui tente de fixer la Révolution « aux principes qui l'ont commencée », celui qui prend conscience de ce qu'il est, l'homme politique derrière le militaire.

Tout a commencé par de la désobéissance – comme de Gaulle le 18 juin 1940 –, s'est incarné dans un coup d'État et s'est achevé par l'Empire. Tout s'est joué en 1797, bien avant Brumaire, lorsque le général des bottes d'Italie gagne vingt batailles et signe deux armistices (l'un avec le roi de Sardaigne, l'autre avec l'Autriche) en oubliant superbement les ordres du Directoire, lorsqu'il refuse de marcher sur Rome, lorsqu'il crée tout seul une république à sa mesure dans les plaines du Pô (la Cisalpine). Il faut relire ses lettres à Talleyrand écrites du château de Mombello près de Milan en octobre 1797. Elles sont celles d'un homme qui découvre l'étrangeté de son destin, en mesure les chances et en redoute la fragilité : « Du triomphe à la chute, il n'est qu'un pas. J'ai vu, dans les plus grandes circonstances, qu'un rien a toujours décidé des plus grands événements » ; « La vraie politique n'est autre chose que le calcul des combinaisons et des chances » ; « Ce n'est qu'avec de la prudence, de la sagesse, beaucoup de dextérité que l'on parvient à de grands buts ». Je préfère cet homme-là à celui de la légende et du *Mémorial de Sainte-Hélène.* « Quel roman, pourtant, que ma vie ! »

Sa destinée a d'abord été pour lui une énigme à déchiffrer avant que celle-ci ne le submerge et qu'il ne mesure ses décisions à la seule clarté de son étoile, sans pour autant la voir pâlir. Comment est-on passé des équilibres du Consulat à la démesure de l'Empire, au système des royaumes de famille, à la solitude du pouvoir, à la fuite en avant des guerres et des batailles ?

Peut-être la Révolution qu'il avait d'abord su domestiquer a-t-elle été pour lui un piège qui se referme ? Comme dans les meilleures tragédies grecques, tout semble avoir été décidé avant lui. L'arc est bandé, la flèche atteindra son but. « Elle s'appelle Antigone, il va falloir qu'elle joue son rôle jusqu'au bout[1]. » Tout est joué avant Brumaire : la peur des rois à qui la République jette les Droits de l'homme à la figure, la reprise de la vieille lutte qui depuis des siècles oppose l'Angleterre à la France.

L'occupation puis l'annexion de la Belgique par la République le 1er octobre 1795 ferme l'Europe au commerce anglais par les bouches de l'Escaut. Londres ne pouvait accepter qu'Anvers reste française. Ce n'est pas Napoléon, c'est la Convention qui prend dès 1793 les premières mesures de blocus commercial contre l'Angleterre. Les frontières du Rhin, les déséquilibres continentaux feront le reste. À Trafalgar, les Anglais règlent la question de leur suprématie sur les océans. Il leur restait à battre la France sur terre. D'abord par l'argent et la fameuse « cavalerie de Saint-Georges » qui finance l'une après l'autre les coalitions antinapoléoniennes. Puis par les armes, quand Wellington débarque à La Corogne au nord-est de l'Espagne en juillet 1808. Jusqu'à Vitoria, jusqu'à Waterloo. Ce ne pouvait être qu'une guerre à mort.

La tragédie de « l'homme », comme on appelait Napoléon à Paris après sa mort en 1821, était scellée avant même qu'il prenne le pouvoir. Napoléon, soldat de la Révolution, n'a pas seulement vu se dresser contre lui les rois corsetés dans leurs légitimités. Il s'est heurté aux peuples de l'Europe que cette même Révolution avait d'abord appelés à la liberté et qui finiront par trouver dans les malheurs de la guerre et l'humiliation des

1. J'emprunte la citation au « prologue » de la pièce d'Anouilh (1944), d'après Sophocle.

occupations les raisons de leur insurrection. Les guérillas espagnoles à partir de 1808, celle d'Andreas Hofer au Tyrol en 1809, la guerre de libération allemande en 1813 sont autant d'événements patriotiques à double détente qui à terme fondent le sentiment national et les nations européennes. Non pas à cause de l'empereur des Français, mais contre lui. Bien sûr la liberté suit Napoléon de près mais ce qu'on trouve surtout au bout de ses guerres de conquête, ce sont les nationalismes. On sait ce qu'il en adviendra au XXe siècle. Ce qui a sauvé Napoléon, c'est sa légende. À Sainte-Hélène, devant Las Cases, le prisonnier de l'Europe entame la mue qui va faire de lui le père des nations. Du *Mémorial* paru en 1823, Musset a tout dit quelques années plus tard dans sa *Confession d'un enfant du siècle*[1] : « On entendit un grand bruit ; c'était la prière de Sainte-Hélène qui venait de tomber sur l'ancien monde. » Et Chateaubriand dans ses *Mémoires d'outre-tombe*[2] : « Vivant, il a manqué le monde, mort, il le possède. » Les légendes ne sont belles qu'à condition de les regarder de loin.

Certes, je ne verrai plus jamais la statue de Georges Mouton dans le grand salon du château de Pange. Il m'en reste une autre, donnée par le sculpteur italien Angelo Pizzi à l'un de mes ancêtres italiens, tout aussi familiale mais beaucoup plus modeste, que je conserve encore aujourd'hui sur mon bureau. C'est le modèle en

1. Musset, *Confession d'un enfant du siècle*, I, 2.
2. Chateaubriand, *Mémoires d'outre-tombe*, XXIV, 8.

cire d'une statue de Napoléon en « Mars pacificateur », drapé à la romaine, le sceptre dans la main gauche, l'aigle à ses pieds. Sa version définitive en marbre devait orner la place Saint-Marc, à Venise. Elle ne sera jamais achevée. C'est qu'entre-temps, le dieu de la guerre s'était cassé le nez à Waterloo. Et puis, Mars a-t-il jamais pacifié qui que ce soit ?

Nota bene

Une quinzaine de ces chapitres sont inspirés, réécrits et largement augmentés de certaines de mes chroniques publiées dans la revue *Historia* entre 2022 et 2024. J'en remercie ici Franck Ferrand et Éric Pincas. Un autre (« De Bibliothecis »), également modifié, a été publié en 2023 en introduction du catalogue de l'exposition consacrée aux trésors de la bibliothèque municipale de Versailles. J'ai cru bon d'ajouter quelques notes de référence aux citations les moins connues sans pour autant en user de façon systématique. Je profite de ce *nota bene* pour remercier ceux qui parmi mes amis ont bien voulu se charger de la corvée d'être mes « premiers lecteurs » et y consacrer leur temps autant que leurs talents. Domitille Cès, Vincent Haegele et Sylvain Nicolle m'ont suggéré de nouvelles pistes et corrigé avec bienveillance quelques erreurs qu'un historien ne devrait pas commettre. En globe-trotteur sensible, silencieux et pertinent, Christophe Gosperrin, tout juste revenu de son troisième tour du monde à la voile, m'a convaincu du bon « désordre » de mes chapitres. Nous avons décidément des amis pour nos livres. *Last but not least*, ma femme Alexandra, Denis Maraval, mon éditeur, et Xavier de Bartillat se sont penchés sur ce petit livre comme on rassurerait un enfant capricieux et trop gâté qui trouverait sans cesse des raisons à ses doutes.

Du même auteur

Fouché. Les silences de la pieuvre, Paris, Tallandier/Fayard, 2014 ; Paris, Tallandier, coll. « Texto », 2018 (rééd. 2021). Prix spécial du prix de la biographie politique ; prix de la meilleure biographie LIRE ; prix du Nouveau Cercle de l'Union ; prix André Castelot ; prix Essai France Télévisions ; prix du Mémorial d'Ajaccio.

C'est la Révolution qui continue, Paris, Tallandier, 2015 ; rééd. *Penser la Restauration*, 1814-1830, Paris, Tallandier, coll. « Texto », 2020.

Juger la reine, Paris, Tallandier, 2016 ; rééd. *Les Derniers Jours de Marie Antoinette*, Paris, Tallandier, coll. « Texto », 2021. Prix Combourg Chateaubriand 2017 ; prix Brantôme.

Fouché. Dossiers secrets, Paris, Tallandier, 2017.

Le Temps de s'en apercevoir, Paris, L'Iconoclaste, 2018. Prix des Deux-Magots ; prix Marianne.

J'ai tant vu le soleil, Paris, Gallimard, « Blanche », 2020.

Sept Jours. 17-23 juin 1789. La France entre en révolution, Paris, Tallandier, 2020 ; coll. « Texto », 2023. Prix Jules Michelet.

Tout est calme, seules les imaginations travaillent, Paris, Tallandier, 2021.

Voyage autour de mon enfance, Paris, Tallandier, 2022. Prix Jean d'Ormesson.

Jeanne du Barry. Une ambition au féminin, Paris, Tallandier, 2023. Élu parmi les 30 meilleurs livres de l'année 2023 par *Le Point* ; Prix de la biographie d'Hossegor 2024.

Il nous fallait des mythes ! La Révolution et ses imaginaires de 1789 à nos jours, Paris, Tallandier, 2024.

En collaboration avec Benoît Yvert

Histoire de la Restauration, 1814-1830. Naissance de la France moderne, Paris, Perrin, 1996 ; rééd. coll. « Tempus », 2002.

DIRECTION

Le Siècle rebelle. Dictionnaire de la contestation au XXe siècle, Paris, Larousse, 1999.

Dictionnaire des politiques culturelles en France depuis 1959. Une exception française, Paris, Larousse/CNRS Éditions, 2001.

Talleyrand ou le miroir trompeur, Paris, Somogy, 2005.

Mémoires de la France. Deux siècles de trésors inédits et secrets à l'Assemblée nationale, Paris, L'Iconoclaste, 2006.

Les Lys et la République. Henri, comte de Chambord, 1820-1883, Paris, Tallandier, 2015.

Louis XVI, Marie-Antoinette et la Révolution, Paris, Gallimard, 2023

DIRECTION, AVEC SOPHIE DE SIVRY

Mémoires du monde. Cinq siècles d'histoires inédites et secrètes au Quai d'Orsay, Paris, L'Iconoclaste, 2002 ; rééd. *Dans les archives secrètes du Quai d'Orsay. Cinq siècles d'histoire et de diplomatie*, Paris, L'Iconoclaste, 2015.

PEFC/10-31-1510

Réalisation : Nord Compo à Villeneuve-d'Ascq
Achevé d'imprimer
par Corlet Imprimeur en mars 2025
14110 Condé-en-Normandie
Dépôt légal : avril 2025
ISBN : 979-10-210-6492-8
Numéro d'édition : 5152
Numéro d'impression : 25010227
Imprimé en France